REMEMBERSHIP
리멤버십

크리에이티브 서비스 플랫폼

리멤버십
크리에이티브 서비스 플랫폼

초판 1쇄 인쇄 2011년 7월 5일
초판 1쇄 발행 2011년 7월15일

지은이 • 전 하 영
펴낸이 • 정 영 석
펴낸곳 • **마인드북스**
주   소 • 서울시 강남구 대치동 889-5 샹제리제센터 A-1601호
전   화 • 02-6414-5995 / 팩 스 • 02-6280-9390
이메일 • mindbook@hanmail.net
출판등록 • 제2009-000311호
블로그 • http://blog.daum.net/mindbooks1
ⓒ 전하영, 2011

ISBN 978-89-963495-4-9 03320

* 책값은 뒤표지에 있습니다.
* 이 책을 무단 복사, 복제 및 전재하는 것은 저작권법에 저촉됩니다.
* 저자와의 협약으로 인지는 생략합니다.
* 잘못된 책은 구입하신 곳에서 교환해 드립니다.

REMEMBERSHIP
리멤버십

크리에이티브 서비스 플랫폼

전하영 지음

마인드북스

■ **추천의 글**

　우선 놀랍다. 한 회사의 전략적 서비스, 그것도 세상에 없는 서비스를 상상하고 구축한 플랫폼이 완성되고 무한정 진행되는 사실이 경탄을 자아내게 된다. 막연할 수 있는 사업 구상과 타산업과 달리 특화된 서비스가 우선인 웨딩 업계에 구체적인 로드맵을 그리고 비교할 수 없는 추진력과 창의력으로 업계에 괄목할 만한 성과를 나타내고 있는 오스티엄의 발전은 결코 우연이 아니라는 것을 이 플랫폼은 입증해주고 있다.
　안개와 같은 시장과 시시각각으로 변화하는 고객에게 자신만의 철학과 경험을 이론적으로 설정하고 이를 위해 촘촘히 관리하고 경영하는 일 자체만으로도 칭찬 받아 마땅하다.
　일단 수많은 위기와 역경을 헤치고 오늘날 오스티엄의 위상을 정립한 저자요 경영자인 전하영의 리더십과 전략적 사고는 한 리더의 확고한 철학과 실행력이, 더 나아가 비전이 어떤 결과를 가져오는지 명약관화하게 보여주었다는 사실로도 이 책의 무게와 의미를 읽어 낼 수 있다.

  한 자 한 자 행간 안에 담긴 글의 의미를 곱씹어 보면 다소 자기일방적이고 이론편향적인 단순한 이론서라는 고정관념과 착시현상을 극복하고 형용할 수 없는 경영여행자로서의 동질감과 희열을 느끼게 될 것이다.

  아무쪼록 이 크리에이티브 서비스 플랫폼이 한 기업의 창의적인 서비스 매뉴얼의 차원을 뛰어넘어 롤러코스터 같은 시장 속에 고군분투하는 경영자와 마케터들에게 일독을 통해 깊은 통찰력과 확신의 단초가 되어 주길 진심으로 빈다.

맹 명 관(마케팅 스페셜리스트,
『스타벅스 100호점의 숨겨진 비밀』의 저자)

▪ 추천의 글

  처음 저자를 만나 Remembership에 대한 그의 생각과 그 생각을 기반으로 한 '웨딩-패밀리-키즈' 서비스 모델을 들었을 때 참신한 아이디어와 독특한 사업 추진의 배경과 사업 비전에 매력을 느꼈다.

  20년 동안 늘 새로운 사업 계획과 제안을 접해온 내게, 한번 맺어진 멤버십을 기초로 한 인간의 일생 중요한 시점마다 계속하여 소중한 서비스를 제공하며 그 고객 기반을 유지하고 확대하는 그의 전략은, 선진화되고 차별화된 서비스를 기대하는 젊은 계층과 체계화되지 못하고 불투명한 전통 서비스 산업을 한 차원 변화시킬 수 있는 비즈니스적 접근으로 생각되었다.

  처음 만나고 투자한 후 지난 3년 동안 많은 얘기를 나누며 그의 비전이 하나씩 현실화되어 가는 모습을 지켜보며, 이제 본격화된 그의 사업이 머지않아 성공으로 연결되어 서비스 분야의 맑고 투명한 벤처 성공 스토리가 우리에게 나타날 것을 기대한다.

이 책은 그의 생각과 전략을 체계적이고 구체적으로 담은 기획지침서이다. 새로운 서비스 영역에 도전하는 사업가와 젊은 기업가들에게 어떻게 사고하고 어떻게 기획하고 실천하는 것이 성공의 방향인지 자세하고 성실하게 제시하고 있다.

　세련되고 밝은 그의 모습처럼, 참신하게 정리된 많은 아이디어와 참신한 전략을 통해서 또 다른 많은 기업인들이 도전받고 많은 도움받기를 기대한다.

　누구보다 바쁜 서비스 분야의 벤처 CEO로 분주한 일상 중에 꼼꼼히 준비하여, 많은 사람에게 도움을 주는 그의 성실함이 많은 다른 사람에게 길과 빛이 되기를 기대한다.

박 기 호(LB인베스트먼트 전무)

■ 들어가며

LG전자 해외 영업파트에서 근무할 때의 일이다.

남아프리카 공화국의 요하네스버그에 출장을 갈 일이 잦았다. 남아프리카 공화국의 정중앙에는 육지 안의 섬과 같은 레소토공화국이라는 또 하나의 나라가 있다. 거기에 VCR Video Cassette Recorder 반제품을 조립하는 공장이 있어서 현지 바이어와 함께 방문하게 되었다.

요하네스버그에서 레소토공화국까지의 거리는 약 400km가 되는데, 끝도 없이 펼쳐지는 직선 고속도로이다. 이 직선도로에서는 보통 시속 240km의 속도로 달린다. 상식적으로 이 정도의 속도라면 신나고 짜릿하면서도 동시에 사고가 날까 봐 긴장이 될 법하다. 그런데 조금 가다보니까 오히려 졸음이 오는 것이 아닌가?

나는 인생도 비슷할 것이라고 생각했다. 특별한 목표를 위해서 열심히 살아가다가도 그것에 익숙해지면 매너리즘에 빠지게 되고 그러면 지루하고 재미없어 그 어떤 상황에도 졸게 될 일이 있을 것이라고. 그때 나는 지루할 틈 없는 그런 삶을 살고 싶다는 생각을 하게 되었다.

　LG전자에서 일을 하던 중, 특별한 계기로 비영리 단체에서 일을 하게 되었다. '문화를 사역하고 문화로 사역한다'는 '문화사역'의 효시가 된 비영리 단체였다. 문화를 사역의 도구이자 동시에 사역의 대상으로 삼는 앞선 개념을 이해하게 되었다.
　한 순간도 지루할 틈 없는 그런 시간을 보냈다. 사역Mission과 사업Business의 균형을 잃지 않기 위해 더더욱 그러했다. 어렵지만 두 마리 토끼를 잡아야 했다. 그 덕분에 파도타기와 같은 균형 감각을 훈련하였다.
　대기업에서 일하며 배운 것이 리더십, 조직관리, 목표관리, 기획, 전략, 마케팅 등이었다면, 비영리 단체에서 배운 것은 가치, 비전, 사명 같은 것들이다. 누구나 그러하겠지만, 지나간 경험들 중 헛된 것은 하나도 없다. 소중하고 귀한 자산이 되었다.
　비전을 키워 가던 어느 날, 작은 메모지 위에 동그라미 세 개를 그렸다.

들어가며 9

인생의 전반을 어우르는 사업, 가장 행복한 시간을 함께하는 사업, 환희와 축복의 문화를 콘텐츠로 하는 사업, 무너진 관계를 회복시키는 사업을 위해 지루할 틈이 없는 사업계획서가 완성되었다. 그것은 세상에 없는 비즈니스 모델이다. 지금 보아도 마음 설레게 하는 멋진 사업계획서다.

그때의 사업계획서는 요즘 신규 사업을 기획할 때도, 기관투자를 유치할 때도, 미래 비전과 전략을 수립할 때도 중요한 순간에 항상 들여다보는 교과서가 되었다.

결혼 준비를 돕는 멀티 쇼룸 및 온오프 통합 매장으로 구축되었던 첫 번째 플랫폼을 거친 오스티엄은 현재 웨딩, 연회 직영 및 위탁 운영을 통한 자산 관리 모델로 진행되는 두 번째 플랫폼을 구축하여 사업화하고 있다. 이 책은 두 번째 플랫폼까지 오면서 우리가 나누었던 이야기에 관한 것과 앞으로 전개될 세 번째 플랫폼인 '리멤버십 서비스'로의 퀀텀 점프를 기대하며 정리한 내용들이다. 즉, 오스티엄이 지금까지 해 온 사업보고서이자 앞으로 해야 할 미래를 위한 사업계획서이다.

완성되지 않은 사업계획서는 진행형이다.

세상에 없는 비즈니스 모델 구축을 위해 가지고 있던 모든 것을 투자하였다.

세상에 없는 비즈니스 모델의 가능성을 확신하고, 일일이 열거할 수 없는 자랑스럽고 귀한 인재들이 모였다.

세상에 없는 비즈니스 모델을 위해 기꺼이 시드머니를 투자한 귀한 분들이 계신다.

세상에 없는 비즈니스 모델의 완성을 위하여 기관 투자자는 적지 않은 자금을 투입하였다.

세상에 없는 비즈니스 모델의 완성을 위하여 사랑하는 아내 주연과 자랑스러운 아들 우진의 기다림 또한 여전히 진행 중이다.

진행형인 비즈니스 모델이 이 책을 포함한 다양한 검증의 과정을 거쳐 완성되는 날을 기대해 본다.

서비스 벤처 주식회사 오스티엄

전 하 영

CONTENTS

추천의 글_맹명관 · 4
추천의 글_박기호 · 6
들어가며 · 8

CHAPTER 1. 리멤버십, 크리에이티브 서비스 플랫폼 … 15

전략적 패러다임 시프트 · 16 | 라이프 이벤트와 라이프스타일 · 22 | 브랜드 프라미스 ABC · 27 | 핵심 전략 키워드 RISC · 31 | 프로슈머 혁명, B2C2B · 36 | 온오프라인의 통합 전략 · 41 | 코드 사전이 필요한 회사 · 43 | 고객만족 맞춤형 CVM · 46 | 요람에서 천국까지 기억하고 기록하는 서비스, 리멤버십 · 50 | 브랜드 무풍지대 · 57 | 오스티엄 비즈니스 모델 · 60

CHAPTER 2. 열광고객(Raving Fan) 프로그램 … 67

오스티엄 고객 관계 선언 · 68 | 진정한 섬김, 진정한 설득 · 71 | 샬롬 서비스와 땡큐 서비스 · 74 | 날마다 오디션 · 78 | 365 에듀테인먼트 타임테이블 · 82 | 성공한 체험이 모이는 지식방 · 86 | 고객만족 서비스 방정

식·89 | 내부 고객의 감정 노동과 회복 훈련·94 | 조직 커뮤니케이션 FORD법칙·97 | 달려가고 싶은 위대한 일터·102

CHAPTER 3. 크리에이티브 피플 ··· 109

어렵게 뽑아서 쉽게 가기·110 | 교육 훈련의 양면성·113 | 월요일을 기다리는 사람들·117 | 신문이라는 교과서·121 | 희망은 위대한 선물·124 | 눈에 넣어도 아프지 않은 사람·128 | 감동하는 사람이 감동시킨다·131 | 보랏빛 신입사원·134 | 핵심 인재·139 | 세계 최고의 비밀·143 | 행복한 고민·147 | 실행력·151

CHAPTER 4. 크리에이티브 리더십 ··· 157

신뢰와 영향력·158 | 사장 훈련 학교·161 | 큰 그림을 보는 능력·166 | 변화하기 위해 변하지 말아야 할 것·169 | 변화 키워드 뉴3C4P·172 | 전략적 사고·177 | 이기는 게임·181 | 태도 경쟁력·186 | 예언 연습·191 | 원칙의 힘·195 | 행복을 주는 크리에이티브 리더십·198 | 크리에이티브 리더의 소건·202 | 비전이 이끈다·207

부록 1. Insight from daily twitting ··· 211
매일 아침 업로드하는 일일 경영 묵상

부록 2. 크리에이티브 서비스 비즈니스 모델 ··· 233
사업계획서 요약 파워포인트 자료

"세상에서 가장 행복한 순간마다 함께한다."

CHAPTER
1

리멤버십,
크리에이티브 서비스 플랫폼

> **전략적 패러다임 시프트**
>
> 과거에 당신을 성공으로 이끌었던 바로 그 비결이 새로운 세계에서는 먹히지 않을 것이다.
> - 류 플랫(Lew Platt, 휴렛팩커드 회장)

성공한 전략을 그대로 따라하면 성공할 수 있을까? 만약에 그렇다면 세상에 성공하지 못할 기업이 어디 있겠는가? 성공한 전략과 성공할 전략은 엄연히 다르다. 많은 기업들이 성공한 전략을 찾아 벤치마킹한다. 그러면 그럴수록 성공한 전략은 성공할 전략이 될 가능성을 잃어간다.

오스티엄의 리멤버십 비즈니스 모델과 전략은 그런 측면에서 성공한 전략이 아니라, 성공할 전략이다. 오스티엄의 리멤버십 사업 모델은 특별한 발상의 전환을 근거로 한다. 우리는 이것을 전략적 발상의 전환Strategic Paradigm Shift이라 부른다. 변한 것은 아무것도 없지만 다른 시각으로 시장을 바라보며 블루오션을 찾아 나서는 설렘과 열정으로 사업 모델을 구축하였다.

전략적 발상의 전환은 크게 세 가지 면에서 생각해 볼 수 있는데, 첫 번째는 시장점유율Market Share에 관한 다른 이해와 접근이다. 대부분의 기업들은 시장점유율을 높이기 위해 노력한다. 기업의 경쟁력을 시장점유율로 표현하기도 한다. 그러나 여기서 경쟁력에 대한 생각의 틀을 시장점유율에서 고객점유율Customer Share로 전환하자는 것이다. 시장점유율의 기준이 시장의 규모라고 할 때, 고객점유율이란 '갑'이라는 특정한 한 명의 고객이 그 기준이 된다. 즉, 고객 한 명의 잠재 수요가 하나의 시장 규모라고 정의하는 것이다.

예를 들어, 국내 대표 가전회사의 시장점유율이 25%라고 할 때, 동시에 그 가전회사의 특정한 고객인 '갑'의 고객점유율은 얼마인가 하는 것이다. '갑'이라는 고객이 적정하게 선정한 기간, 즉 20세부터 40세까지 20년간 쓰는 돈을 약 2억 원 정도라고 가정해 보자. 그 기간에 동일 가전회사 제품을 구입할 전체 금액을 계산하면 약 1천만 원, 즉 5% 고객점유율로 계산된다.

오스티엄이 지향하는 것은 한 번의 고객이 평생의 관계로 유지되는 것이다. '갑'이라는 고객이 동일 기간 오스티엄이 제공하는 상품과 서비스를 구입한다면 고객점유율은 4천만 원에 해당하는 20%가 된다.

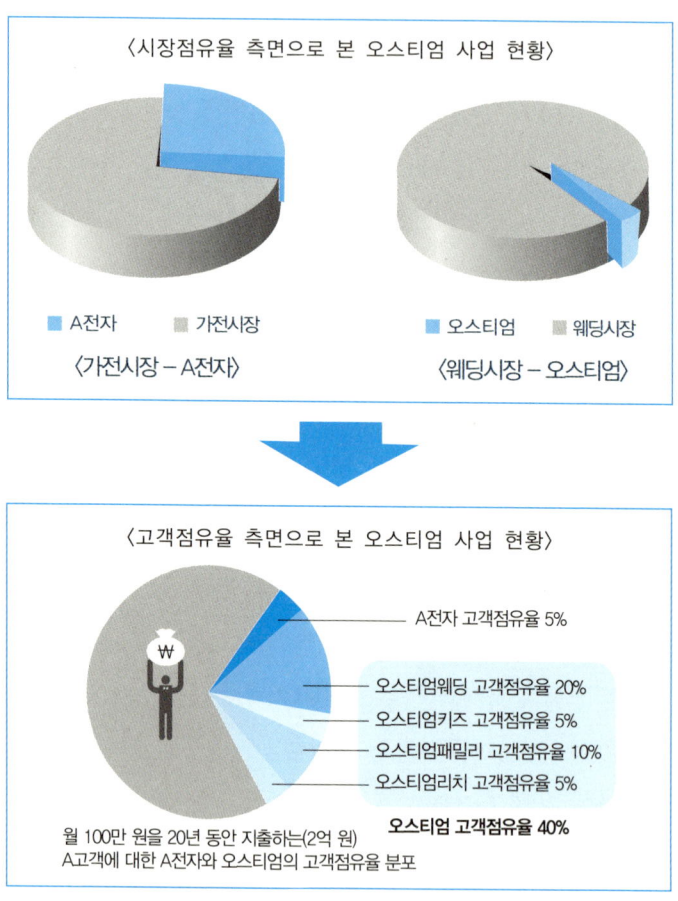

도표 1. 시장점유율 및 고객점유율의 개념 비교

현재 오스티엄의 시장점유율은 3% 정도에 불과하다. 그런데 아이러니컬하게도 오스티엄보다 더 큰 시장점유율을 가진 경쟁업체가 없다. 여러 가지 이유가 있겠지만, 가장 큰 이유는 이 시장이 아직 성숙하지 못해 절대 강자가 부재한 기회의 시장이란 것을 의미한다.

시장점유율로 비교할 때 대표 대기업 가전회사와 경쟁이 불가능하지만, 고객점유율에서는 월등히 앞서는 경쟁력을 확보하게 되는 것이다. 시장점유율을 확보한 기업은 시장에 영향력을 미치지만, 고객점유율을 확보한 기업은 고객에게 영향력을 미친다. 만일 오스티엄이 고객점유율 20%를 확보한 후, 규모의 경제가 가능한 시장점유율 10%를 확보한다면 매출액 1조 2천억 원의 회사로 성장하게 된다.

전략적 발상의 전환 두 번째는 시장 가치 Market Value에서 고객 가치 Customer Value로의 발상의 전환이다. 절저한 고객 지향적 사고가 전략의 핵심이 되어야 한다. 시장 가치를 규정하는 시장 규모, 시장의 성장성, 시장 기회 요소 등에 못지않게 중요한 것이 고객 가치를 나타내는 고객의 라이프스타일, 고객의 니즈, 고객의 충성도 등이라는 것이다.

예를 들어, 중국 시장을 보자. 중국 시장의 가치는 무한해 보인다. 그러나 중국에서 성공적인 업적을 달성하지 못하는 기업이 훨씬 많다. 그것은 많은 기업이 거대한 시장 가치에 매료되어 그 시장의 고객 가치에 대한 이해와 연구가 부족한 이유일 것으로 생각된다.

시장의 가치가 주는 매력보다 중요한 것은 고객 평생 가치 Customer's Lifetime Total Value이다. 그에 대한 연구가 새로운 기회를 제공한다. 고객의 평생 가치는 고객의 라이프스타일과 직결된다. 라이프 이벤트와 관련한 트렌드 또한 고객 가치에 대한 중요한 요소이다. 고객 가치를 시장 가치보다 우선시하는 기업이 새로운 기회를 포착하여 성공할 전략을 수립할 수 있을 것이다.

전략적 발상의 전환 세 번째는 '사업 차별화'에서 '고객 차별화'로의 전환이다. 사업에서 차별화는 선택이 아닌 필수이다. 상품 차별화, 서비스 차별화, 마케팅 차별화 등이 포함된다. 이때 차별화의 내용에 '고객'을 포함시킨다는 개념이다. 그것은 '백인 일색 시대'와 '백인 백색 시대'를 거쳐, '일인 백색의 시대'를 맞이한 현재의 불가피한 선택이다. 고객을 차별화한다는 것은 고객에게 숨겨진 팔색조 같은 니즈를 차별화하여 상품과 서비스 기획에 반영하는 것이다.

이러한 전략적 발상의 전환을 통해 오스티엄이 추구하는 리멤버십 서비스의 비전이자 사명 선언서는 다음과 같다.

"세상에서 가장 행복한 순간마다 함께한다."

고객 지향적 서비스 기업이라면 당연히 꿈꾸는 이상적인 서비스 미션이지만, 어떤 기업도 성공시키지 못한 꿈같은 서비스 목표이다. 오스티엄의 전략적 발상의 전환은 철저히 고객을 바라보며, 고객의 입장을 고려한 전략 수립의 가이드 라인이다.

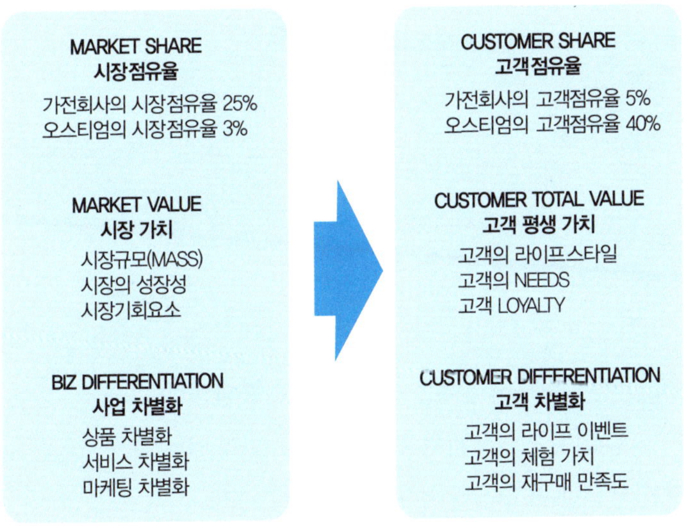

**MARKET SHARE
시장점유율**
가전회사의 시장점유율 25%
오스티엄의 시장점유율 3%

**MARKET VALUE
시장 가치**
시장규모(MASS)
시장의 성장성
시장기회요소

**BIZ DIFFERENTIATION
사업 차별화**
상품 차별화
서비스 차별화
마케팅 차별화

➡

**CUSTOMER SHARE
고객점유율**
가전회사의 고객점유율 5%
오스티엄의 고객점유율 40%

**CUSTOMER TOTAL VALUE
고객 평생 가치**
고객의 라이프스타일
고객의 NEEDS
고객 LOYALTY

**CUSTOMER DIFFRENTIATION
고객 차별화**
고객의 라이프 이벤트
고객의 체험 가치
고객의 재구매 만족도

도표 2. 전략적 패러다임 시프트

라이프 이벤트와 라이프스타일

인생은 과거를 통해 이해해야 한다.
그러나 인생은 미래를 향해 살아야 한다.
- 키에르케고르(S. Kierkegaard, 덴마크 철학자)

사람이 태어나서 일생을 사는 동안 겪게 되는 중요한 삶의 이벤트들이 있다. 그것을 라이프 이벤트라고 한다. 동서양을 막론하고 모든 사람이 거치는 '통과의례'라고 할 수 있다.

과연 몇 개나 될까? 출생을 기념하는 어떤 전통이나 관습이 있다. 요즘은 생략하는 경우도 많이 있는 백일잔치, 그리고 곧이어 중요한 첫 번째 생일인 돌잔치. 유아기를 거쳐 초등학교, 중고등학교, 대학교를 졸업하면 인생의 한가운데 있으면서도 가장 중요한 결혼이라는 이벤트가 있다. 결혼 후 결혼 1주년, 10주년, 20주년 등과 같이 결혼을 기념한다. 동시에 자녀 혹은 부모님과 관련한 중요한 이벤트들이 진행된다.

꽤 많은 듯 보이지만 사실 십여 개의 이벤트인 것이 보통이다. 하지만 그 십여 개의 이벤트에 사람들이 지출하는 비용은 평생을 살아가는 동안 지출해야 할 돈의 상당 부분인 것을 쉽게 알 수 있다. 장을 보기 위해 슈퍼마켓에 가는 것과는 비교가 안 되는 많은 비용을 우리는 라이프 이벤트를 위해 지출하고 있는 것이다. 이와 같이 각각의 라이프 이벤트는 거대한 비즈니스 기회를 제공한다.

그런데 사람들은 그 중요한 라이프 이벤트에 각각의 스타일대로 소비한다. 어떤 사람은 경제적으로 여유가 있기 때문에 많은 비용을 지출한다. 반면 경제적으로 넉넉지 않은 사람들은 적은 비

도표 3. 라이프 이벤트에 따른 사업 전개

용을 지출한다. 물론 경제적으로 여유가 있지만 아껴서 적게 지출하는 사람이 있고 반면에 경제적으로 전혀 넉넉하지 않음에도 불구하고 빚을 내서라도 많은 비용을 지출하기도 한다. 그런 소비 성향은 라이프스타일에 근거한다.

합리적인 라이프스타일로 합리적인 소비 형태를 보이기도 하고, 체면과 격식을 중요시 여기는 소비 형태도 있다. 그런 경우 울며 겨자먹기식으로 과도한 비용을 지출하기도 한다. 라이프스타일이 소비에 주는 영향은 그래서 중요한 것이다.

보스턴 컨설팅 그룹은 소비 고급화를 지칭한 '트레이딩 업'이라는 소비 스타일을 정의하였다. 트레이딩 업이란 중가제품을 주로 구입하던 중산층 이상의 소비자가 품질이나 감성적인 만족을 얻기 위해 비싼 제품에도 기꺼이 보다 높은 가격을 지불하는 소비 패턴을 일컫는 표현이다. 또한 라이프스타일은 매스티지 MASSTIGE 상품, 즉 대중화를 상징하는 매스 MASS 와 품격을 의미하는 프레스티지 PRESTIGE 가 조합되어 '대중적 명품'이라는 새로운 상품군을 만들어 내기도 한다.

라이프 이벤트와 라이프스타일을 연구하면 다양한 비즈니스 기회를 포착할 수 있다. 오스티엄은 '결혼 준비를 도와주는 서비스 모델'에서 시작하여 '라이프 멤버십 회사'로 진화 중이다. 결혼을 준비하는 소비자들의 취향을 만족시킨 상품군, 즉 케이터링 서비스, 사진 촬영 상품, 관례한복, 각종 기념 예물, 인테리어 서비스 등이 약간의 노력을 통해 키드 비즈니스와 패밀리 비즈니스로 전개되는 것을 확인했다.

리멤버십 서비스는 멤버십 형태로 운영될 서비스이다. 웨딩, 키즈, 패밀리에 이르는 라이프 이벤트 상품, 서비스 및 다양한 콘텐츠를 편리한 방법으로 제공한 후, 체계적인 시스템으로 관리함으로써 고객을 만족시키는 새로운 가치를 창조하는 것이다.

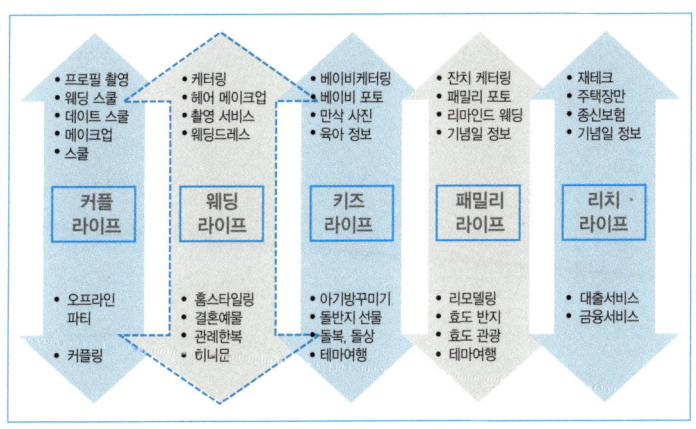

도표 4. 라이프스타일에 따른 사업 전개

Insight from daily twitting

금맥이 발견되었다는 소식에 많은 사람들이 몰려갑니다. 그런데 큰 강이 가로막고 있다면 어떻게 할까요? 힘들게 금맥에 다다라서 나눠 번 사람보다, 배를 만들어 장사한 사람이 더 많이 벌었답니다. 기회는 다르게 생각하는 사람의 것입니다.

19세기 미국 캘리포니아의 골드 러쉬 때, 청바지라고 하는 전설적인 상품이 불티나게 팔린 것도 그렇습니다. 그 당시 입었던 한 청바지는 2010년 이베이e-bay에서 46,000달러(한화 약 5천만 원)에 경매되기도 했습니다.

누구나 생각할 수 있는 평범한 방법으로 누구도 이룰 수 없는 특별한 결과를 기대할 수는 없습니다. 기회를 알아보는 능력과 그 기회를 자기 것으로 만드는 능력, 즉 그 기회를 이용하여 큰 업적을 이루는 능력은 달라 보입니다. 보이는 대로 보는 것도 중요하지만, 보이지 않는 것을 볼 줄 알아야 합니다. 다르게 바라보고, 다르게 생각하는 능력이 필요합니다. 그런 훈련과 준비가 충분한 사람에게 기회는 꿈을 이루는 계기가 되겠지만, 그렇지 못한 사람에게 기회는 혼자에게뿐만 아니라 주변 사람들에게도 혼란입니다.

> # 브랜드 프라미스
> # ABC
>
> 브랜드는 모든 것의 기본이 되는 기대와 이해의 핵심을 표현한다.
> - 셀리 라자루스(Selly Lazarus, 오길비 앤 마더 사 회장)

'오스티엄 OSTIUM'의 어원은 '문(門)'이다. 인생의 문, 사랑의 문, 결혼의 문, 축복의 문. 문은 내가 서 있는 자리와 문 뒤의 다른 세상을 구분해 주기도 하지만, 동시에 연결해 주기도 한다. 그런 의미에서 문은 나를 보호해 준다는 믿음이자, 문을 밀고 나설 때 느끼는 기대이고 희망이다.

브랜드 프라미스는 '오스티엄'이라는 브랜드가 실행적인 면에서 반드시 지키겠다고 선언하는 고객과의 약속이다.

Advanced & Flexible System 먼저, 진보적이면서도 동시에 유연한 시스템에 대한 약속이다. 진보된 시스템이란 과학적이고 합리적이며 체계적으로 구성된 메커니즘을 의미한다. 매뉴얼로 구성된 프로세스 맵이라고 볼 수 있다. 그런데 고객과의 관계 속에서는 그런 체계적인 시스템에 의한 관리만으로는 해결할 수 없는 수많은 변수가 발생한다. 때로는 매뉴얼에 의한 시스템 관리가 오히려 해가 되는 사례도 있다. 매뉴얼을 뛰어넘는 개방된 사고를 가지고 고객이 정말 필요로 하는 것을 제공해야만 하는데 그것이 유연한 시스템이다.

오스티엄은 현장 리더십의 순발력을 중요시 여기고, 시의적절한 권한 위임을 권장하며, 부서 이기주의를 용납하지 않는 조직 문화가 형성되어 있다.

Brotherhood & Joyful Performance 사랑하는 형제나 자매, 또는 후배나 선배의 결혼 준비를 하는 마음으로 즐거운 실행을 약속한다는 뜻이다. 일생의 가장 아름다운 모습을 바라보는 오빠된 마음으로 고객을 위한 실행을 하겠다는 것이다. 혹시 그날 나의 컨디션이 나쁘다고 힘든 표정을 지을 수 없다. 왜냐하면 사랑하는 동생의 결혼식인데, 기쁘고 즐거운 집안의 경사인데 개인적인 어려움을 표현할 수는 없다. 혹시 그 날의 주인공이 영화배우나 모델처럼 예뻐보이지 않는다면 가족이라고 할 수 없지 않은가. '예쁘다, 예쁘지 않다'의 기준은 연예인과의 비교에서 시작되지만, 그 날 내 동생, 내 언니는 무조건 예쁘고 사랑스럽다. 평소에 해보지 못했던 헤어 메이크업이 다소 이상해 보일 수 있다. 혹시라도 심한 스트레스와 긴장으로 메이크업이 잘 표현되지 않았을 수도 있다. 그러나 그 날의 주인공을 위해 너무너무 예쁘다고 화사하게 웃어주는 가족의 마음을 담아 실행한다는 약속이다.

Creative & Excellent Solution 창조적이면서 동시에 탁월한 해결책에 대한 약속이다. 전기 드릴을 사기 위해 마트에 가는 것이 아니고 구멍을 뚫기 위해 마트에 도구를 사러 가는 것이다. 결혼을 준비하는 신랑 신부는 사용할 물건을 구입하는 것이기에 앞서 예쁜 신혼집을 꾸미는 것이 그들의 필요이다. 몇 쪽짜리 촬영 앨범을 얼마에 구입하느냐보다는 남들과는 뭔가 다른 나만의 특별한 앨범을 갖고 싶은 것이 그 속마음이다. 항공 티켓의 할인율보다 중요한 것은 여때껏 마음속에 그리던 멋진 허니문이다.

창조적이면서도 탁월한 해결책을 약속한다는 것은, 그런 고객의 속마음을 이해하고 최선의 방법으로 해결하겠다는 약속이다. 창의적인 솔루션은 임기응변의 대응과는 다르다. 주어진 예산과 예산 대비 효과를 극대화시킬 수 있는 해결책을 제시해야 한다. 전문가와 비전문가의 차이가 바로 이것이다. 전문가는 일어날 수 있는 다양한 가능성을 예측하고 대비하는 사람이다. 나아가 아이디어를 현실로 실행해 내는 능력을 갖고 있는 사람이다. 고객의 필요를 창조적인 방법으로 완벽하게 해결하겠다는 오스티엄의 세 번째 약속이다.

핵심 전략 키워드
RISC

유형의 것은 쉽고, 무형의 것은 어렵다.
- 톰 피터스(Tom Peters, 경영 컨설턴트)

오스티엄이 중소기업청과 산업자원부로부터 경영혁신 관련 인증을 위해 실사하던 때의 일이다. 유수 기업을 두루 다니며 경영 진단 및 컨설팅을 한 경험이 있는 심사관이 회사를 방문했다.

"과연 고객들이 이 회사의 상품과 서비스에 가치를 느낄까요?" 심사관의 첫 번째 질문은 오스티엄의 오프라인 매장을 방문하여 투어를 하고는 곧바로 해결이 되었다. "아, 네. 고객들이 충분히 가치를 느끼겠네요. 그럼 회사의 전략은 무엇인가요?" 전략에 관한 질문에 대하여 오스티엄의 전략 키워드 RISC를 포함한 다양한 전략과 기획에 대해 설명하였다. "아, 네. 전략도 훌륭하네요. 그렇다면 시스템은 어떤가요?" 오스티엄의 관리 체계는 이미 업계 최초의 국제규격인증ISO9001을 받은 상태임을 설명하였다. 뿐만 아니라 수년간 걸쳐 자체 개발한 웹기반의 계약관리, 실행관리 등의 온오프 통합관리 시스템을 설명하였다. "아, 네. 시스템도 갖추고 있군요. 그럼 사람들은 어떤가요?" 그것은 그런 전략과 시스템을 운영할 핵심 인재를 확보하고 있냐는 질문이었다. 그 질문에 대하여 웬만한 대기업 수준의 교육 매뉴얼에 따른 교육 체계와 '365학점제'로 운영되고 있는 현황을 설명하였다. "아, 네. 일할 사람도 준비되었네요. 이제 돈만 있으면 되겠네요." 하고 진단을 마쳤다.

핵심 전략 키워드 RISC는 오스티엄 사업모델의 완성도를 뒷받침하는 핵심역량과 연결된다.

R은 열광하는 팬Raving Fan 확보 전략이다. 열광하는 팬이란, 오스티엄의 고객이 그 서비스와 상품에 만족한 나머지 고객의 개념을 뛰어넘어 팬이 되어버린 고객이다. 팬이 있다면 그를 따르는 스타가 있기 마련. 오스티엄의 직원은 그런 팬이 추종하는 스타가 되어야 한다는 뜻을 내포하고 있다.

철저한 자기관리가 스타의 덕목이다. 물론 그를 바탕으로 한 매력 있는 콘텐츠를 가지고 있어야 한다. 기술과 콘텐츠는 모방이 되어도, 한 사람 한 사람에게 녹아 있는 축적된 경험은 모방할 수 없다. 많은 저가 항공사가 사우스 웨스트 항공을 모방하지만 그만한 성공을 이루지 못하는 것과도 같다. 열광하는 팬을 확보하기 위한 철저한 서비스 기획과 그 진행 프로세스는 사업의 시작이자 최종 목표이기도 하다.

IS는 인프라 스트럭처 Infra Structure 구축 전략이다. 이것은 세 가지 경쟁력으로 구성되는데, 바로 인재 경쟁력 Man Power, 온오프라인 통합시스템 경쟁력 System Power, 문화 및 체험상품 기획 경쟁력 Culture Power이다.

인재 확보 및 양성을 위한 인프라를 구축하는 것은 특히 서비스 기업의 핵심 경쟁력이다. 상품을 통한 차별화와 경쟁력, 또는 서비스를 통한 차별화와 경쟁우위를 비교해 보면 더욱 교육의 중요성이 부각된다. 교육 커리큘럼의 수준이 사업의 성패를 좌우한다고 해도 과언이 아니다. 시스템이 갖추어지면 조직은 저절로 굴러간다. 시스템은 균형과 견제를 이루고 있어야 하고 동시에 통합되어야 한다.

온라인 기반은 커뮤니케이션 수단이 되어야 하며, 반드시 오프라인과 융합되어야 한다. 오스티엄의 온오프라인 통합 솔루션 '마이 오스티엄'이 가지는 경쟁력이다.

문화를 창조하고 이끄는 기업이 성공하는 시대이다. 대안이 되는 문화를 꾸준히 제시할 수 있다면, 그리고 그 대안이 삶에 녹아들어 삶의 가치를 업그레이드 시킬 수 있다면, 기업이 사회를 향해 할 수 있는 최선의 섬김일 것이다. 오스티엄이 기존 문화에 '왜?'라는 질문을 던지며 부조리하고 불합리한 문화를 바꾸기 위해 헌신하는 힘이 바로 컬처 파워인 것이다.

C는 고객점유율 Customer Share 확대 전략이다. 시장점유율을 높이는 노력 이전에 우선 고객점유율을 높이는 전략이다. 라이프 이벤트라는 가로축과 라이프스타일이라는 세로축을 그리고, 그물망을 펼치듯 상품 및 서비스의 개발이 이루어진다. 즉, 라이프 이벤트는 사업의 영역이 되고, 라이프스타일은 상품과 서비스가 된다. 라이프스타일의 상품화이다.

\Insight from daily twitting

'경쟁하면 경쟁할수록 비슷해진다.' 맞습니다. 할 수만 있다면 경쟁하지 않고 승리하면 좋겠죠. 즉, 싸우지 않고 이기는 것입니다. 진정한 경쟁이란 나만의 경쟁력을 찾아 나가는 것입니다.

비즈니스는 경쟁의 연속입니다. 가격 경쟁, 품질 경쟁, 서비스 경쟁, 디자인 경쟁. 경쟁에서 이기면 생존이고 경쟁에서 지면 퇴보입니다. 그런데 경쟁의 본질을 이해하면, 경쟁의 유리한 고지를 점령할 수 있습니다.

우선 경쟁은 '같은 목적'이 있을 때 성립됩니다. 그리고 경쟁에는 이기거나 앞서고자 하는 상대방이 있습니다. 이때 '같은 목적'이 달라진다면 어떨까요? 이익이 아니라 속도, 가격이 아니라 감동, 성능이 아니라 품격같이 '목적'이 달라진다면 경쟁은 무의미해집니다. 그렇게 되면 경쟁의 본질인 같은 목적을 위해 이기거나 앞서고자 하는 상대방이 보이는 것이 아니라, 경쟁의 결과를 평가할 '고객'이 눈에 들어온다는 것이죠. 결국 상대방과의 경쟁으로부터 벗어나 나만의 경쟁력을 갖추며, 내가 세운 숭고한 목표를 향해 나가게 되는 것입니다.

프로슈머 혁명, B2C2B

> 누구도 해낸 적 없는 성취란, 누구도 시도한 적 없는 방법을 통해서만 가능하다.
> - 프랜시스 베이컨(Francis Bacon, 영국 철학자)

    프로슈머Prosumer는 생산자PRODUCER와 소비자CONSUMER를 합성한 말로 생산자와 소비자 간의 경계를 허물며 제품 개발과 유통 과정에 적극적으로 참여하는 생산적 소비자를 뜻한다. 생산에 참여하는 소비자, 판매를 함께하는 소비자, 기업의 다양한 활동에 참여하는 소비자의 시대를 대비해야 한다.

    오스티엄은 영업 마케팅 전략으로 B2P2P, B2B2C, B2B2E, B2C2B를 실행하고 있다. 그중 B2C2B는 프로슈머의 개념을 마케팅 모듈로 재현한 핵심 프로세스이다.

- B2P2P : Business to People to People
- B2B2C : Business to Business to Customer
- B2B2E : Business to Business to Employee
- B2C2B : Business to Customer to Business

B2P2P는 SNS 마케팅이다. 오스티엄의 각 사업장과 직원은 TGIF-Twitter, Google, Iphone, Facebook-를 적절하게 조합하여 마케팅을 펼친다. 즉, 개인이 운영하는 트위터, 페이스북, 블로그와 사업장이 운영하는 트위터와 페이스북, 블로그, 카페가 자연스럽게 마케팅 커뮤니케이션 채널로서의 역할을 한다. 사업장의 것들은 홈페이지에 플러그인 되어 있다. 그리고 이벤트, 프로모션, 신상품 소개 등을 메시지로 담고 있으며, 개인의 것들은 그 메시지를 유통하는 채널이 된다. 개인 블로그는 각각 전문성 함양을 위한 포트폴리오와 스크랩을 그 콘텐츠로 한다. 언젠가 모 출판사가 한 직원의 개인 블로그를 보고 출간 제의를 해오기도 했다. 마케팅 커뮤니케이션의 통로로, 전문성 향상 도구로, 기획 출간의 자료로 활용되니 일석삼조라 아니할 수 없다.

B2B2C는 이미 구축되어 활동을 전개하고 있는 B2C의 모델, 즉 대형 포털업체, 유통업체, 도소매업체 등과의 B2B 제휴를 통해 고객을 유입시키는 전략이다. 일반적인 개념의 전략적 제휴이다. 대

형 포털이 제공하는 마켓플레이스에서 활동하는 고객들 중 일부가 제휴 경로를 거쳐 오스티엄이 타겟팅한 잠재수요를 가지고 있는 가망고객으로 유입된다. 입점의 형태를 취하기도 하고 배너 교환이나 링크를 통해 이루어지는 영업 마케팅 모델이다.

B2B2E는 기업에 소속된 직원들[B2E]이 우리와 그 기업 간의 제휴[B2B]를 통해 오스티엄의 고객이 되도록 유도하는 전략이다. 대부분의 직원들이 경조사를 위해 개인적인 노력과 시간을 투자하는 것에서 착안하여 '선택적 복리후생'이라는 모델로 기업들과 제휴하고 있다. 기업 간 약정한 다양한 서비스를 복리후생의 형태로 선택적으로 제공하며 동시에 직원들에게는 사전에 협의된 인센티브 혜택을 주는 제도이다. 제휴사의 직원들은 선택의 폭을 제한받지 않음과 동시에, 검증된 서비스를 사전 협의된 다양한 혜택과 함께 합리적이고 편리한 방법으로 제공받을 수 있다는 장점이 있다. 이런 제휴 후 홍보 방법으로는 제휴사 및 서비스 제공업체 간 홈페이지 링크, 제휴사 직원(회원) 전용 로그인 서비스 페이지 제작 홍보, 오프라인 자료 발송 및 인트라넷 또는 타겟 메일링 서비스 홍보 등이 있다.

오스티엄에서 가장 중요하게 여기지만, 아직 완성하지 못한 전략이 B2C2B이다. 이것은 이미 오스티엄과 고객 관계가 형성된 고객B2C이 그후 오스티엄과의 비즈니스 관계C2B로 재정립되는 것이다. 오스티엄의 고객들은 중요한 시점에 3P활동을 제안받게 된다. 3P활동이란, 첫째 본인의 대소사를 오스티엄에서 지속적으로 구매 활동Purchase하는 것이고, 둘째는 타인의 대소사를 오스티엄에 소개하는 활동Propose, 그리고 마지막으로 오스티엄의 기업 활동에 다양한 형태로 참여하는 프로슈머 활동Prosumer을 말한다. 각각의 활동마다 포인트가 지급되고 그 포인트는 향후 필요한 상품과 서비스를 구매하는 데 쓰인다.

고객이 어떤 경로로 유입되더라도 실행의 마지막 부분에서는 3P활동에 대한 제안을 받게 된다. 그 매력적인 제안의 내용을 업그레이드해 나가는 것이 과제이다. 지속구매를 위한 접점을 확보하는 상품 및 서비스 개발이 중요하다. 타인을 소개할 만한 매력적인 인센티브 기획도 마찬가지다. 그리고 서비스 모니터링, 서비스 평가, 신상품 제안 등의 왕성한 프로슈머 활동을 위해 투자할 필요가 있다. 새로운 고객을 유치하고 기존 고객을 유지하는 것이 사업의 핵심이라고 할 때, B2C2B는 그야말로 새로운 고객을 지속적으로 창출함과 동시에 기존 고객을 시스템적으로 유지시키는 탁월한 도구임에 틀림없다.

Insight from daily twitting

 졸면 죽습니다. SNS 마케팅이 휙휙 변합니다. 효과를 의심하고 간과하는 사이에 또 다른 마케팅이 시작됩니다. 따라가는 쪽은 노하우를 쌓을 것이고, 무시하는 쪽은 큰 코 다칠 때가 올 것입니다. 호기심을 가지고 보면 좋 일 없습니다.

 아마추어 마케터는 마케팅을 목표라 생각하고, 프로 마케터는 마케팅을 수단으로 생각합니다. 목표는 선명하고 유일할 수 있지만, 수단은 수를 헤아릴 수 없을 정도로 많습니다. 목표가 많으면 모두 달성하기 어려울 수 있지만, 수단은 많으면 많을수록 좋습니다. 어찌 보면 프로는 그런 창조적이고, 남다르며, 탁월한 수단들을 많이 확보하고 활용할 줄 아는 사람일 것입니다.
 SNS 마케팅 또한 수단입니다. 다양한 수단을 적절하게 활용하면 원하는 목표를 이루는 데 큰 도움이 됩니다. 세상의 변화, 특히 온라인 마케팅의 변화를 두려워해서는 결코 원하는 목표를 이룰 수 없습니다. 열린 마음과 애정 그리고 호기심을 가지고 변화를 따라 가야 합니다. 즐기면서 따라 갈 수 있으면 힘도 덜 들뿐더러 재미까지 느끼게 됩니다.

온오프라인의
통합 전략

비즈니스에서 이용되는 테크놀로지가 가지고 있는 첫 번째 규칙은 자동화가 효율적인 공정에 적용되었을 때에는 효율을 더 확대시켜 준다는 것이다. 두 번째 규칙은 자동화가 비효율적인 공정에 적용되었을 때에는 비효율을 더 확대시킨다는 것이다.
- 빌 게이츠(William H. Gates, 마이크로 소프트 창업자)

온라인과 오프라인이 통합되면 시너지가 창출된다. 온라인과 오프라인의 통합으로 인한 유익은 특히 오프라인 기반 사업 모델에 다양하게 적용된다. 오스티엄은 전형적인 오프라인 사업이지만, 온라인과 결합하면서 다양한 시너지를 내고 있다. 통합의 핵심은 편이성, 다양성, 합리성 등으로 요약될 수 있다.

편이성은 고객과의 커뮤니케이션 활성화를 위한 도구로서의 역할이다. 고객을 궁금한 상태로 방치하지 않고, 듣고 대답할 수 있는 열린 창구를 의미한다. FAQ(자주 묻고 답하는 내용)를 홈페이지에 두는 것부터 시작한다. 담당자별로, 사안별로 커뮤니케이션을 할 수 있는 온라인의 편이성은 피터 드러커의 '사업의 결론은 고객만족이다'를 실천하는 귀중한 도구가 된다.

다양성은 마케팅 커뮤니케이션 채널의 다각화이다. 매스미디어를 통한 마케팅의 한계를 뛰어넘는 다양한 접근성은, 온라인이 시공을 초월하는 매체임을 감안하면 금새 알 수 있다. SNS 시대에는 맞춤형 마케팅이 가능할 뿐만 아니라, 돈 안드는 마케팅이 가능한 것을 기억해야 한다. 다양한 형태의 커뮤니케이션을 통한 사업 활성화는 오프라인 사업이 온라인과 통합되면서 날개를 달게 된다.

합리성은 온라인을 통한 오프라인의 효과적이면서도 효율적인 관리를 의미한다. 재고관리, 구매관리, 판매관리, 수불관리 등 오프라인의 관리 수고를 한층 덜어줄 수 있는 도우미 역할을 할 수 있다. ERP Enterprise Resource Planning(전사적 자원관리) 구축에는 꽤 많은 비용이 들지만, 온라인을 활용하여 적은 비용으로 관리 시스템을 구축하는 것이 가능하다. 좀 더 확장하면 협력업체와의 공유를 통해 더욱 합리적인 관리를 가능케 하는 것이다.

코드 사전이 필요한 회사

당신이 말하는 것, 또는 말하지 않는 것, 행동하는 것, 행동하지 않는 것 모두가 다른 사람들에게 메시지로 전달된다.
어떤 방법으로든 커뮤니케이션을 하지 않을 수는 없다.
- 존 우즈(Jhon Woods, CWL 출판사 사장)

사업을 하면서 늘 머릿속을 떠나지 않는 중요한 수제 중의 하나는, '과연 계속 생존할 수 있는가?'이다. '강한 자가 살아남는 것이 아니라, 살아남는 자가 강한 것이다.'라고 하지 않는가? 삼성경제연구소의 한 보고서는 중소기업의 지속 성장을 위한 임계 규모가 매출액 100억 원이라는 기준을 제시한 적이 있다. 임계 규모에 가기 위한 다양한 형태의 기업 인수 합병을 제안하기도 하였다.

기업은 다양한 정보를 관리하여 생존을 넘어 지속적인 성장을 보장하여야 한다. 측정할 수 없는 것은 관리할 수 없듯, 기업의 상태를 정확히 측정할 수 있어야 하며, 그것을 숫자로 표현할 수 있어야 한다. 아무리 전문가라고 하더라도 서로 다른 환경에서 일을 하던 사람들이 정보를 같이 공유하고 원활한 커뮤니케이션을 하는 것은 어려운 일이다.

예를 들어보자. 오스티엄의 한 사업장에 지점장이 새로 부임해 왔다. '고객 계약률이 어떤가요?'라고 팀장에게 질문했다. '네, 75%입니다.' 지점장은 처음으로 매장에 방문하여 계약하는 고객의 계약률을 질문한 것이고, 팀장은 처음 방문뿐만 아니라, 재방, 삼차 방문 등을 포함하여 계약하는 고객의 계약률을 대답한 것이다. 좋은 전략이 수립될 리 만무하다. '방문율을 높여야 합니다'라고 지점장이 이야기했다. 팀장이 대답했다. '네, 알겠습니다.' 지점장이 이야기한 방문율은 홈페이지, 전화상담, 소개 등을 포함한 방문율을 이야기한 것이다. 그러나 팀장은 홈페이지에 회원 가입을 하는 고객을 대상으로 한 오프라인 매장 방문율을 대답한 것이다. 이 또한 좋은 전략이 수립될 리 만무하다. 기준을 공유하고 합의한 후 그것을 복잡하지 않은 방법으로 의사 소통할 수 있어야 한다.

"여러분 FR이 낮아지고 있습니다. TR 관리를 철저히 합시다. OP 프로모션과 PP 기획상품이 필요합니다. 실행팀은 좀 더 나은 ODITION을 위해 BELT교육 강화해 주세요. STYLE MAGAZINE

이 업그레이드되었으니 다음 분기 SHOWCACE를 기대해 봅시다. 다음 DM에 논의 예정이니 이번주 FM에서 공유해 주시기 바랍니다. 그리고 V_BSC로 진행될 예정입니다. HMK에 각 SU와 BU별로 프레젠테이션이 있을 예정입니다."

마치 간첩들이 사용하는 난수표, 즉 코드사전이 있어야 이해할 수 있는 오스티엄의 심오(?)한 대화이다. 그러나 그 의사소통은 아래에 있는 코드사전을 이용해 이해할 때, 오해의 소지를 허락하지 않는 완벽한 것이 된다.

▎의사소통을 위한 코드사전의 예▮

FR - 초방 계약률 / TR - 초방, 재방 계약률 / OP - 초저가 기획상품 / PP - 수익형 상품 / ODITION - 오스티엄의 실행 점검 회의 / BELT 교육 - 레벨별 서비스 교육 / STYLE MAGAZINE - 서비스 매뉴얼 / SHOWCASE - 신 서비스 발표회 / DM - 매일하는 정규 영업회의 / FM - 실행 후 피드백 공유 회의 / V_BSC - 지점, 본부 간 화상 전략 컨설팅 회의 / HMK - 해피 먼데이 코이노니아, 월간 전체 미팅 / SU - 전략수립 부서 / BU - 고객 접촉이 이루어지는 영업 마케팅 부서

고객만족 맞춤형 CVM

> 고객은 똑같은 대우를 원치 않는다.
> 그들이 바라는 것은 개별화된 처우이다.
> – 돈 페퍼스 & 마사 로저스(Don Peppers & Matha Rogers, 미국 기업인)

 어떤 기업이 특별한 기념 이벤트 사업을 위해서 고객의 정보 중 결혼기념일을 알고 싶다고 해보자. 그것을 알아낼 수 있는 방법이 쉽지 않은 것을 곧 깨달을 것이다. 자녀가 있는지, 혹 있다면 자녀의 연령대를 파악할 수 있는 방법을 찾기 쉽지 않다. 실제로 대부분의 CRM(Customr Relationship Management, 고객관계관리)을 중요시하는 기업은 고객의 정보를 지속적으로 업데이트하는 데 상당한 비용을 지불하고 있다. 뿐만 아니라 새로운 고객의 정보를 입수하기 위해서 또한 많은 비용의 지불이 불가피함을 깨닫고 있다.

정보라는 것은 그것의 활용도에 따라서 가치를 달리한다. 위에서 언급한 특별한 고객의 정보는 고객의 구매 패턴을 분석하여 얻을 수 있는 데이터가 아니다. 구매 주기, 구매 방법, 구매 금액 등의 분석으로는 얻을 수 없는 다른 형태의 정보다. 그것은 고객의 라이프 밸류를 파악해야 가능한 정보다. 고객의 라이프스타일과 라이프 사이클에 따라 특정한 시기 별로 다르게 나타나는 수요를 예측함으로써 사업의 구조 및 사업의 전략을 보다 정교하게 디자인할 수 있는 것이다.

맞춤형 CVM^{Customer Value Management}(고객가치관리)이란 오스티엄 사업 모델의 이해를 위해 만든 개념으로, 기존 데이터 베이스 마케팅에서 시작된 CRM의 개념에서 확장된 것이다. 기존 CRM의 개념이 구매 패턴의 분석을 통한 데이터베이스 마케팅을 기반으로 했디면, 맞춤형 CVM은 라이프스타일 분석을 통해 이전에 제공할 수 없었던 서비스를 제공하는 것이다.

오스티엄 사업의 특성상 고객의 다양한 고급 정보를 다루는 것이 사업 영역 확장의 근거가 되었다. 고객의 라이프 밸류가 모든 기획의 시작이다. 그에 따라 라이프스타일을 예측하거나 대비할 수 있는 사업 모델이 바로 맞춤형 CVM의 기초가 되는 것이다. 심지어는 고객의 체형이나 정서적 상태까지도 파악할 수 있는데, 이는 이제까지 가능하지 않았던 숨겨진 고객의 니즈를 자극할 수 있는 단초가 된다.

  이에 따라 새로운 가치를 창출하는 뉴비즈니스 아이템이 탄생하는 것이다. 오스티엄의 시작은 웨딩사업이었다. 웨딩시장은 아주 특수한 시장이다. 오스티엄은 이런 특수한 기회의 시장에서 어떻게 고객가치와 상품과 서비스를 매력 있게 만들 수 있는가를 고민해 왔다. 그 결과 웨딩사업을 축으로 한 라이프 이벤트 멤버십 사업으로의 확장을 모색하게 되었다. 그것이 스마트 서비스를 가능케 하는 맞춤형 CVM이다.

\ Insight from daily twitting

블루오션은 발견하는 것일까요? '발견'보다는 만들어 나가는 것이 맞습니다. 블루오션은 영원하지 않고, 어느 순간 레드오션으로 변합니다. 끊임없이 블루오션을 만들고 유지하는 노력이 사업 지속의 열쇠입니다.

기차보다 싼 비행기 요금, 뮤지컬과 공연 같은 서커스, 하드디스크 없는 노트북, 중년층을 위한 게임기. 새로운 가치를 바탕으로 시장을 창출하는 상품들입니다. 원가를 낮추고 품질을 높여야 한다는 오늘의 레드오션에서의 혈투는 불가피합니다. 그러나 내일을 위해서는 반드시 블루오션이 필요합니다. 분명히 가지고 있지만 말하지 않는 고객의 숨겨진 니즈를 찾아내고, 업종의 벽을 뛰어넘는 유연성을 바탕으로 블루오션을 개척해야겠죠.

블루오션의 개념을 상품에 머물게 할 필요 없습니다. 블루오션 상품에서 나아가 블루오션 서비스, 블루오션 시스템, 블루오션 프로세스, 블루오션 인재 등으로 발전시켜야 합니다.

> # 요람에서 천국까지
> # 기억하고 기록하는
> # 서비스, 리멤버십
>
> 이 세상에서 해볼 만한 가치가 있는 일은 대부분 이루어지기 전에는 불가능하다고 선언되었던 것들이다.
> - 루이 브랜디아(Louis Brandeis, 20세기 미국 대법관)

유비쿼터스Ubiquitous란 라틴어로 '보편적으로 존재하다'라는 의미이다. 언제 어디서나 존재한다는 정도로 해석될 수 있다. 책상 위에 있는 PC의 네트워크뿐만 아니라 휴대전화, TV, 게임기, 휴대용 단말기, 차량 내비게이션 등 PC가 아닌 장비가 네트워크화되어 언제 어디서 누구나 대용량의 통신망을 사용할 수 있고, 적은 요금으로 커뮤니케이션할 수 있는 것을 의미한다. 그것은 시간과 장소를 초월하여 어떤 기기를 이용해서라도 온라인 네트워크상에 연결되어 있으면 서비스를 받는 환경을 연출할 수 있다는 뜻이다.

'유비쿼터스 서비스 인 라이프 이벤트'는 오스티엄 사업 모델의 구조와 방향을 잘 대변해 주는 콘셉트이다. 사람이 살면서 겪게 되는 다양한 라이프 이벤트 때마다 필요한 것들을 예측하고 미리미리 알아서 제공하는 서비스, 요람에서 천국까지 함께하는 유비쿼터스 멤버십 서비스, 그야말로 꿈의 비즈니스 모델이라 할 수 있다.

사업 구상 초기의 오스티엄 사업 모델은 너무 방만하고 이상적이라는 평가를 받았다. 그러나 현재 각각의 모듈이 테스트 마케팅을 거치고 있거나, 상당 부분은 실행되고 있다. 어느덧 '너무 아이디얼하다'는 평가는 '참으로 아이디얼하다'로 바뀌었다.

흔히 벤치마킹 모델을 묻는 질문을 받지만, 선뜻 답할 수 있는 사업 모델은 국내외에 존재하지 않는다. 다만, 미국의 나스닥에 상장되어 있는 '펫코 PET CO.'라는 회사가 있기는 하다. 그들은 서비스의 유비쿼터스 모델을 온라인과 오프라인상에 구축했다. 그리고 그것은 멤버십으로 운영된다. 단지 그 서비스의 대상이 사람이 아니라 개를 포함한 애완동물이라는 것이다. 서양인들의 애완동물에 대한 관심과 사랑이 유별난 것을 감안하면 이해가 가고도 남는다.

예를 들어, 개 한 마리를 분양받는다고 하자. 주인은 그 개를 '펫코'에 분양 신고를 하고 멤버십으로 등록한다. 그후 그 개는 그 라이프 사이클에 따라 다양한 서비스를 제공받는다. 때가 되면 예방

접종을 하고, 때가 되면 이미용 서비스를 받는다. 휴가 때면 개호텔로 보내져 휴양 서비스를 받는다. 아플 땐 병원 서비스를 받고 죽을 때가 되면 장례 서비스를 받는다. '유비쿼터스 서비스 인 라이프 이벤트'가 그 '사랑하는 반려동물인 개'에게 현실이 된 모델이다.

오스티엄은 인생의 라이프 이벤트를 키즈라이프, 웨딩라이프, 패밀리라이프로 구분하였다. 각각 사업의 카테고리에서는 오래 전부터 전통적인 기업들이 이미 어떤 방법으로든 서비스를 제공하고 있다. 오스티엄은 한 번의 등록으로 원스톱 서비스가 가능한 데이터베이스를 구축하고, 그것을 기억 Remember 하는 멤버십 Membership 서비스인 리멤버십 Remembership 서비스로 통합 관리하고자 한다. '유비쿼터스 서비스 인 라이프 이벤트'의 구현이다.

도표 5. 유비쿼터스 서비스 개념도

» 리멤버십 서비스 방향성 «

Re로 시작하는 단어들, 재창조 Recreation, 새로움 Renewal, 재정의 Redefine, 혁신 Renovation, 다시 태어남 Reborn 등은 리멤버십 서비스의 방향을 제시한다.

» 리멤버십 서비스 정체성 «

Member라는 것은 몸의 한 부분 Part of the body이기도 하지만 모두를 위한 하나 All for One를 의미하기도 한다. 즉, 리멤버십 서비스는 마치 몸의 일부분같이 친밀하며, 동시에 구성원 모두를 하나로 묶어주는 서비스 정체성을 유지한다.

» 리멤버십의 서비스 대상 «

Ship이란 커뮤니티 Community 또는 가족 Family을 가리킨다. 바로 리멤버십의 서비스 대상이다.

» 리멤버십 서비스의 핵심 가치 «

기억한다는 것은 감사하는 것이다. 처음 사랑을 기억하고, 은혜를 기억하고, 행복한 시간을 기억하며 감사하는 것이다. 즉, 리멤버십의 핵심가치는 감사이다.

» 리멤버십 서비스의 정의 «

종합하면 리멤버십 서비스란, '하나'이자 '전부'일 수 있는 사랑

> 하는 가족의 기쁨과 행복을 위해, 인생의 중요 이벤트를 기억하며, 그때마다 늘 새로운 기획으로 솔루션을 제안하는 신개념의 멤버십 서비스인 것이다.

리멤버십을 이루는 서비스 중 첫 번째가 '웨딩라이프' 서비스이다. 그 서비스와 상품은 크게 3B 스타일링 서비스, 즉 뷰티^{Beauty} 관련, 보디^{Body} 관련, 예산^{Buget} 관련 서비스와 상품으로 구성된다.

뷰티 관련 서비스와 상품으로 웨딩드레스, 턱시도, 웨딩 촬영 등이 포함된다. 보디 관련 상품과 서비스는 헤어, 메이크업, 피부관리, 체형관리, 치아관리 등이다. 예산 관련은 허니문, 출장 뷔페, 한복, 예물, 홈스타일링 등으로 구분된다. 현재 우선은 가장 큰 예산이 필요한 예식 연회 상품을 중점으로 직영 및 위탁운영을 사업화하고 있다.

'웨딩라이프' 서비스와 상품은 시기에 따라 '키즈라이프'와 '패밀리라이프'의 상품과 서비스로 변형되어 제공된다. 웨딩 촬영은 시기에 따라 키즈 촬영과 패밀리 촬영 서비스로 제공된다. 웨딩 케터링은 그 후 키즈 케터링, 패밀리 케터링으로 서비스된다. 한복, 쥬얼리, 인테리어 등도 동일하다.

키즈, 웨딩, 패밀리 라이프 외의 몇 가지 서비스를 테스트 마케팅 중이다. 그중 '커플라이프' 서비스는 결혼 배우자를 구하는 사람들을 위한 매칭 서비스이다. 당연히 성사된 '커플'은 오스티엄의 '웨딩라이프' 서비스를 받을 때 특별한 혜택을 받게 된다.

또 '리치라이프' 서비스는 삶의 전 영역에서 이루어지는 금융 서비스이다. 집 구하기부터 시작하여 재테크에 해당하는 보험, 대출, 저축, 투자 등의 서비스가 멤버십을 대상으로 이루어질 예정이다.

'에듀라이프' 서비스는 평생교육을 지원하는 서비스이다. 좋은 아빠되기, 좋은 엄마되기, 자녀와 함께하는 가족 캠프, 부부 캠프 등이 기획되어 진행된 바 있다.

이런 서비스들은 그 상품과 서비스의 성격에 따라 온라인 또는 오프라인 모델로 기획 구성된다. 다양한 테스트 마케팅이 진행 중에 있다.

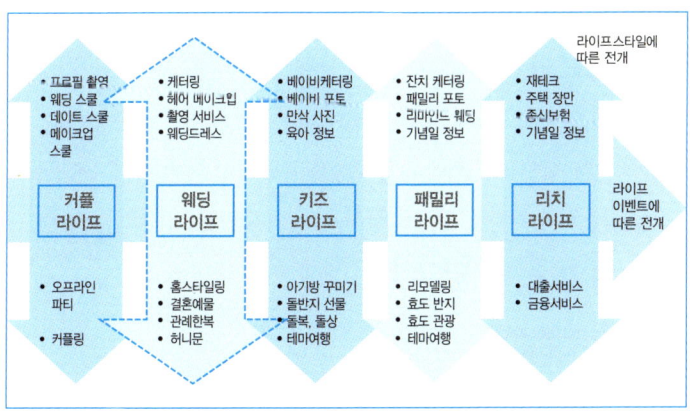

도표 6. 라이프 이벤트 및 라이프스타일에 따른 사업 전개

Insight from daily twitting

'길이 없으면 길을 만든다. 거기서부터 희망이다.' 길은 아무도 가지 않은 곳을 용기와 희망을 갖고 처음 걸었던 사람과 그 뒤를 따랐던 사람들에 의해 생긴 것입니다. 아무도 가지 않은 들판에 서 있는 분들께, 용기와 희망을!

회사의 비즈니스 모델을 설명하다 보면, 꼭 물어보는 질문이 있습니다. '참고하고 있는 모델이 무엇인가?'입니다. 모델이 없다는 설명에 실망(?)하는 것을 자주 보았습니다. 왜 그럴까요? 가보지 않은 길에 대한 두려움입니다. 어둠 속에서 길이 보이지 않아 느끼는 불편함입니다. 경제 전망을 할 때도 '불확실성'을 가장 큰 항목으로 칩니다. '불확실성'이 제거될 때 비로소 사람들은 안정감을 느끼고 경제활동이 활성화된다는 것입니다.

인간은 기본적으로 변화를 두려워하고 불확실한 미래에 대해서도 그러합니다. 그럼에도 불구하고, 누군가는 아무도 가지 않을 길을 용기와 희망을 가지고 걷게 될 것이고, 결국 언젠가는 누구나 다닐 수 있는 길이 되는 것입니다.

> ## 브랜드 무풍지대
>
> 현재 상태로 앉아 있으면,
> 우리가 원하는 목적을 달성할 수 없다.
> - 맥스 드프리(Max Depree, 허만 밀러 CEO)

36조 원의 시장 규모를 지닌 거대한 시장이 있다. 1년에 약 30만쌍 신랑, 신부가 만들어 내는 매머드급 시장인 결혼 시장이다. 2010년에 결혼한 한 쌍의 신혼부부가 평균 1억 2천만 원을 사용하였다는 조사 결과가 있다. 신혼집 준비에 사용되는 약 70%의 비용을 감안하더라도 결혼 관련 시장은 10조 8천억 원의 적지 않은 시장이다. 결혼 시장은 어마어마한 규모뿐만 아니라 또 다른 특별한 매력을 지니고 있다.

결혼 시장은 전쟁과 기근이 나도 늘 새롭게 형성되는 마르지 않는 샘물과 같은 시장이다. 통과의례로서 결혼은 일생일대의 가장 중요한 행사이다. 그리고 그 준비에 사용하는 자금의 규모는 주말에 장을 보러 가거나, 맘먹고 옷 한 벌 구입하기 위해 나설 때의 마음가짐과는 비교가 안 되는 규모이다. 특별한 소비가 이루어지는 특별한 시장이다. 게다가 경기가 아무리 어려워져도 일정한 규모의 소비를 유지하는 시장이다. 서구화의 속도에 따라 어느 정도 줄어들 수도 있겠으나, 한국의 결혼 문화가 보수적임을 감안하면 걱정할 일도 아니다.

결혼 시장은 목돈을 쓰는 시장으로, 풍부한 현금 유동성이 있는 시장이다. 결혼 준비를 하면서 사기극을 펼치는 경우는 흔치 않다. 그 결과 악성 매출 채권 발생률은 제로에 가깝다. 사업을 하면서 받아야 할 돈과 줘야 할 돈의 흐름 관리는 핵심 중의 핵심이다. 그런 사실을 감안할 때 풍부한 현금 유동성이 사업에 미치는 매력은 그 무엇과도 비교할 수 없다.

재고 부담 없는 사업이 가능한 시장이 결혼 시장이다. 결혼 관련 상품 중 국내외 메이커가 있는 가전제품이나 가구, 주방용품 등을 제외하면 맞춤에 의한 제작이 요구되는 아이템이 대부분을 구성한다. 모든 거래가 계약 후 발주되고 입고되어 소비자에게 전달되는 형태로 이루어진다. 창고를 가질 이유가 없고 그러므로 재고는 매장 내에 눈에 보이는 재고가 전부라고 할 수 있다. 온라인

상거래의 경우 반품관리는 특별한 골칫거리이다. 그러나 이 시장에서는 반품을 걱정할 필요도 없다.

  이 거대한 시장에는 현재 막강한 1등 기업도, 번듯한 내셔널 브랜드도 없다. 산업화되지 못한 시장이라는 뜻이다. 워낙 시장 매력도가 높아, 쉽게 시작하고 쉽게 접는 사업이기도 하다. 대기업의 진입 장벽이 없어 보이지만, 어떤 대기업도 성공하지 못한 미지의 시장이다. 고객의 인식의 사다리에 누구도 이름을 걸지 못한 처녀 시장인 것이다.

오스티엄
비즈니스 모델

완벽하다는 것은 더할 것이 없을 때가 아니라,
뺄 것이 없을 때이다.
- 생텍쥐페리(Saint Exupery, 프랑스 소설가)

오스티엄의 비즈니스 모델은 서비스사이언스를 기반으로 구축되어 검증되고 있다. 서비스사이언스란 서비스경영, 서비스마케팅, 서비스공학 등의 분야를 포괄하는 개념의 최신 학문이다. 서비스산업을 보다 체계화하고 관련 분야와의 연관성을 보다 과학적으로 연구하고 해석하는 학문이다.

서비스사이언스의 구성은 사업 전략 Business Strategy, 사업 프로세스 Business Process, 인적자원 People, 기술 Technology로 되어 있는데, 모든 요소가 완성도 있게 포함되어 있다. 또한 서비스마케팅의 계획 수립에 중요한 7P, 즉 상품Product, 가격Price, 유통Place, 촉진Promotion, 인적자원People, 프로세스Process, 물리적 환경Physical Environment이 모델에 적용되어 있다.

서비스 업계 최초의 다양한 시도들이 그것을 가능하게 했다고 본다. 서비스 가격 정찰제 실시, 변동요금제 실시, 온라인 오프라인 통합 모델 구축, 다양한 교차 판매 가능한 상품 개발, ISO9001 국제품질경영 인증, 경영혁신 기업(메인비즈) 인증, 신개념의 라이프스타일 리멤버십 서비스 등이 업계 최초라는 수식어를 달고 다니고 있다.

'오스티엄 비즈니스 모델'에는 다양한 전략이 콘셉트화되어 모듈로 구동되고 있다.

» 전략적 제휴 및 영업 모델 «

- B2P2P : Business to People to People
- B2B2C : Business to Business to Customer
- B2B2E : Business to Busiuness to Employee
- B2C2B : Business to Customer to Business

» 고객만족 실천 모델 «

- RF program : Raving Fans program

열광하는 팬으로서의 고객을 창출하는 프로그램
- IS program : Infra Structure program
  Manpower, System Power, Culture Power를 통합하는 프로그램
- CS program : Customer Share program
  고객점유율을 높이는 프로그램

》 인센티브 제안 조건 모델화 《

- 3P : Purchase 본인의 지속 구매활동
  Propose 타인을 소개하는 활동
  Prosumer 상품기획 모니터, 고객모델 등 프로슈머 활동

》 고객관리 체계 모델 《

- Green members : customers on line,
  온라인상의 잠재 수요를 가진 고객군
- Blue members : customers contracted,
  상품과 서비스를 구매하고 실행한 체험 고객
- Purple members : customers of 3P,
  3P활동을 약속한 고객으로 B2C2B하는 고객

》 레지스트리 서비스의 기부 모델화 《

계약고객을 대상으로 세 가지 레지스트리 서비스로 선물 또는 기부를 제안하고 실행하는 온라인, 오프라인상의 툴
  – 가족을 위한 선물을 포인트를 활용하여 보내는 모델
    (FOR FAMILY)

- 부조금(선물)을 전달하는 서구형 레지스트리 서비스 모델 (FOR FRIENDS)
- 행사를 진행하는 동안 약정한 일정의 누적 기부금을 비영리 단체에 기부하는 서비스 모델 (FOR NGO)

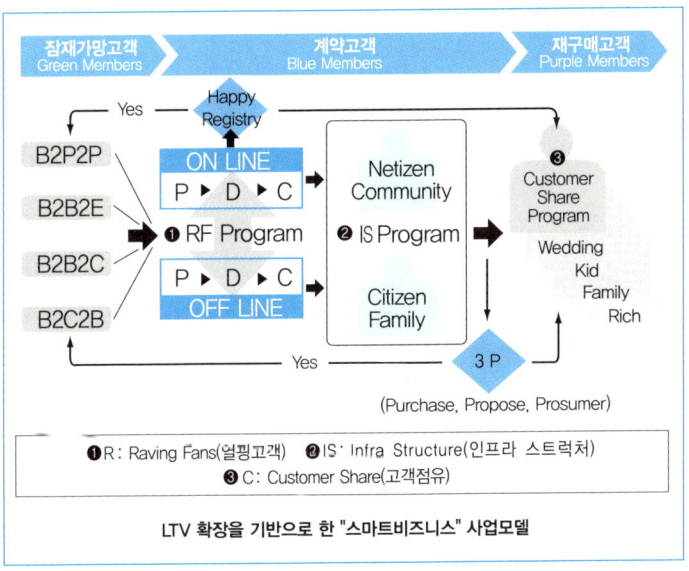

도표 7. 크리에이티브 서비스 비즈니스 모델

\ Insight from daily twitting

변수가 많은 방정식일수록 풀기 어렵습니다. 신규 사업을 추진하는 것은 그런 방정식을 푸는 것과 같고요. 수학에서는 상수와 변수를 고려하여 문제를 풉니다. 그런데 신규 사업에서의 상수는 부족한 자원이기도 하고, 게다가 때로는 상수가 변하기도 합니다. 그러나 누군가 결국 풀어냅니다. 그들을 '영웅'이라 부릅니다.

상수가 없이 변수만 있는 방정식은 풀 수가 없습니다. 비즈니스를 할 때, 상수에 해당하는 것이 자본과 사람이라면, 변수에 해당하는 것은 시장 상황, 경쟁사, 핵심 역량 등이겠죠. 상수가 검증되고 고정된 것이라면, 변수만 고려하면 됩니다. 그러나 비즈니스를 하면서 자본과 사람을 충분히 확보하고 일을 기획하고 진행하는 경우는 아주 드뭅니다. 특히 중소기업은 늘 자본과 사람의 부족에 시달리는 것이 더 정확한 현실입니다. 변수는 변수대로 변하고, 상수까지 그때그때 변하는 것이 비즈니스라는 것이죠. 이런 복잡한 방정식을 결국 풀어내는 인재야말로 영웅이라 아니할 수 없습니다.

"행복한 고객이 평생의 관계로 유지된다."

CHAPTER 2

열광고객(Raving Fan) 프로그램

> ## 오스티엄 고객 관계 선언
>
> 경쟁기업이 당신에게 훔쳐갈 수 있는 것은 고객과의 관계뿐이다. 당신의 고객을 돌보지 않는다면, 다른 누군가가 돌볼 것이다.
> - 켄 블랜차드(Kenneth Blanchard, 컨설턴트, 작가)

'행복한 고객이 평생의 관계로 유지되는 H-CVM(Happy Customer Value Management)(행복한 고객 가치 관리)의 완성을 추구한다.' 오스티엄의 고객 관계 선언이다.

'행복한 고객'이란 다양한 체험을 공유하고 만족한 체험 고객이다. 오스티엄의 리멤버십 서비스 실현을 위한 오프라인 공간도 고객의 만족스러운 경험을 유도하고자 하는 취지로 디자인되었다. 하지만 제한된 공간에서 제공할 수 있는 쇼핑의 경험 못지않게 중요한 것은 사람과 사람 사이에서 체험하는 것들이다. 여기서 체험이란 자연히 만들어지는 것이 아니라 유도되는 것을 뜻한다. 즐겁다, 신난다, 감동스럽다 등의 느낌은 자연스러운 결과가 아니라 어떤 자극에 의해 형성된 긍정적 감정의 산물이다. 즉, 만족한 체험이다.

이런 만족스러운 경험을 유도하는 자극을 기획할 때에는 하드웨어적 접근과 함께 소프트웨어적 접근이 매우 중요하다. 공간의 동선과 인테리어 디자인, 디스플레이로 연출되는 하드웨어적 자극과 함께 눈과 눈을 마주치는 인격적 교감, 정말 필요한 것을 찾아 제안해 내는 상담자의 전문성, 격려와 위로가 있는 어떤 이벤트 같은 것이야말로 만족한 체험 고객을 만들어 내는 중요한 요소인 것이다.

'행복한 고객이 평생의 관계로 유지된다'라고 할 때 '평생의 관계로 유지된다'는 의미는 이렇다. 본인의 구매 후 만족한 체험이 있었기에 본인 스스로의 지속적인 구매를 결정할 뿐만 아니라 그 경험을 주변의 타인에게도 소개하는 열광고객으로서, 그 관계를 평생 유지한다는 것이다. 만족한 고객은 반드시 누군가에게 그 경험을 소개한다.

사실 오스티엄의 마케팅의 상당 부분은 이미 계약을 하고 실행을 마친 고객을 대상으로 하고 있다. 결혼식 당일 신랑이 신부에게 쓴 편지를 일 년간 보관해 놓았다가 정성스럽게 재포장하여 발송한다. 보관하는 노력에 비해 일 년 전의 감동을 재연하는 것은 훨씬 큰 기대 이상의 결과를 가져온다.

'행복한 고객이 평생의 관계로 유지되는 H-CVM의 완성'은 결국 기업과 고객의 관계 가운데서, 행복한 경험을 평생 공유하는 그 고객에 의해 이루어지는 것이다. 즉, '행복한 고객 가치 경영'이다. 고객이 지니는 평생 가치는 특정 지역의 시장점유율보다 소중한 지표가 된다. 요람에서 천국까지 함께해야 할 평생 고객이기 때문이다. 그들의 평생 가치를 연구하고 그들의 필요에 따른 상품과 서비스를 기획하는 것이 오스티엄 고객 관계 선언의 핵심 성공 요인이 되는 것이다.

> # 진정한 섬김,
> # 진정한 설득
>
> 운명을 바꿀 수 있는 유일한 열쇠는 감동이다.
> - 손정의(소프트뱅크 창업자)

'세족식'이라는 이벤트는 신약성경 요한복음 13장에 기록된 유명한 시간이다. 여기서 보여준 예수 그리스도의 모습을 통해 우리는 진정한 서비스의 모범과 실천에 대한 중요한 교훈을 얻는다.

진정한 서비스는 진정한 섬김에서 비롯된다. 진정한 서비스를 고객에게 제공하는 기업이 무한 경쟁의 승자가 된다. 우선 진정한 서비스를 위해서는 서비스 주체의 정체성이 확립되어야 한다. 서비스를 제공하는 내가 누구인지, 내가 원하는 것은 무엇인지, 내가 무엇을 해야 하는 사람인지에 대한 정체성 확립은 진정한 서비스의 가장 중요한 출발점이다.

예수께서 제자인 베드로의 발을 씻기시던 사건은 예수가 십자가에 매달리기 전날인 최후의 만찬에서 일어났다. 예수는 그 다음 날 자신에게 일어날 일을 너무나 잘 알고 있었다. 그분은 스스로가 누구인지, 무엇을 위해 세상에 존재하며, 또 어떻게 되어야 하는가를 잘 알고 있었다. 진정한 서비스는 진정한 섬김이다. 진정한 섬김은 나의 사명을 이해한 사람만이 할 수 있는 것이다.

진정한 섬김은 강한 자가 약한 자를 섬길 때 비로소 성립된다. 약한 자가 강한 자를 섬기는 것이 세상의 논리이다. 그러나 강한 자가 그것을 행할 때 진정한 섬김이 되는 것이다. 서비스를 받아야 하는 대상보다 훨씬 많이 교육되고 훈련된 프로페셔널이 고객을 섬길 때 진정한 섬김이라 할 수 있다. 무슨 일을 하든 신에게 하듯 하라는 성경의 교훈에 비추어 보면 신에게 하는 모든 행위가 예배가 된다. 그 예배Service가 바로 서비스Service가 된다는 사실을 기억해야 한다.

진정한 서비스는 진정한 설득이다. 최후의 만찬에서 제자 베드로의 발을 씻기던 예수에게 반항하던 베드로는 '내가 네 발을 씻기지 않는다면 나와 네가 상관없는 사람이다'라는 말에 태도가 돌변하여 온몸을 씻겨 주길 요청한다. 그러자 예수의 '이미 깨끗한 사람은 발만 씻으면 된다'는 말에 베드로가 온순한 양처럼 얌

전한 모습을 보이게 된다. 진정한 서비스는 진정한 설득으로 완성되는 것이다. 서로 절충하고 양보하여 중간지대로 다가서는 것이 아니라, 서비스를 제공하는 주체의 준비와 논리에 감동하게 되어 서비스를 받는 대상이 온전하게 설득되는 것이 바로 진정한 설득이다.

> # 샬롬 서비스와
> # 땡큐 서비스
>
> 고객과 만나는 15초 동안의 진실의 순간(MOT, Moment Of Truth)에 기업의 운명이 결정된다.
> - 얀 칼슨(Jan Carlzon, 스칸디나비아 항공사 전 회장)

사업에 성공하기 위해서는 반드시 '탁월함 또는 차별화 Excellence or Difference'를 확보해야 한다. 탁월함이란 품질, 가격, 디자인 등으로 표현되는 월등한 경쟁력이다. 한편 차별화란 품질, 가격, 디자인을 포함하되 콘셉트, 브랜드, 비주얼 아이덴티티 등과 함께 서비스를 통해 표현되는 경쟁력이다. 탁월함은 차별화를 뛰어넘는다. 하지만 동시에 차별화는 탁월함이 없어도 확보할 수 있는 무형의 경쟁력이다.

차별화를 지향하는 기업일수록 지속적인 변화와 혁신을 중요시한다. 결국 지속적인 변화와 혁신은 그 자체가 최고의 경쟁력이 된다.

오스티엄 또한 엑셀런스한 상품의 경쟁력을 추구하지만 결국은 디퍼런스한 서비스 경쟁력에서 승부가 날 것이라는 전제하에 사업 모델을 구축하고 있다. 그 중 '샬롬SHALOM 서비스'와 '땡큐THANKS 서비스'가 있는데 그것은 엑셀런스하면서도 디퍼런스Excellence and Difference한 오스티엄의 서비스 경쟁력의 원천이라 할 수 있다. '샬롬 서비스'는 서비스 아이덴티티이고 '땡큐 서비스'는 축복의 문화를 만들자는 취지에서 기획하여 진행하고 있는 서비스 차별화 방안으로, 감사를 표현하는 다양한 방법을 규정하고 있다.

» SHALOM 서비스-서비스 정체성 «

S – stylish svc 서비스뿐만 아니라 사람, 공간조차 세련된 서비스를 지향하는 것.

H – high touch svc 감성을 자극하는 서비스로 하이테크high tech와 대비되는 개념. 하이테크가 지향하는 개념이 합리성, 편함, 낮은 가격이라면 하이터치란 즐거움, 감동, 행복함 등을 지향하는 것.

A – associate svc 친구처럼 친밀함을 기획하고 제공하는 서비스.

L – lifetime svc 한 번의 거래로 끝나는 서비스가 아니고 요람에

서 천국까지 평생의 관계로 유지되는 서비스.

O - only svc 넘버 원뿐만 아니라 온리 원을 느끼게 하는 유일무이한 서비스.

M - membership svc 단순한 일회성 상거래를 위한 서비스를 뛰어넘어 리멤버십을 위한 다양한 상품과 서비스를 제공하는 서비스.

》 THANKS 서비스–서비스 차별화 방안 《

T- thanks a lot 부모님께 감사드리고, 부부가 서로를 향한 사랑을 확인할 수 있도록 동영상을 제작하거나 편지를 전달하는 감사의 서비스.

H - happy meal 고객 대기 시간에 제공되는 다양한 형태의 과일, 쿠키, 음료 서비스

A - audion for odition 질높은 서비스를 유지하기 위해 다양한 실행 체크리스트를 가지고, 그것을 통해 고객을 섬기고 사랑하는 것을 표현하는 서비스.

N - now & forever 순간의 기억을 영원히 간직할 수 있도록 이벤트를 지원하는 서프라이즈 서비스.

K - koinonia 세미나 등을 통한 평생 교육의 일환으로 좋은 아빠되기, 좋은 엄마되기, 자녀 캠프, 부부 캠프 등 가정을 만들어 가는 소중함을 깨닫게 하는 섬김의 서비스.

S - smile, soft, speed 미소, 부드러움 가운데 전문성이 묻어나는 속도의 경쟁력을 갖춘 서비스.

\Insight from daily twitting

되는 집은 다 그럴 만한 이유가 있습니다. 안 되는 집도 마찬가지죠. '그럴 만한 이유'는 세대와 국경을 초월합니다. 가보면 알거든요. 비즈니스를 그렇게 해야 되는 것 같습니다.

건강한 조직은 좋은 가정과 같습니다. 엄한 아버지와 자상한 어머니가 계십니다. '밖에 나갈 때 반드시 아뢰고出必面, 돌아오면 얼굴을 뵙는다反必告.' 당연하죠? 부모에 대한 자식의 도리를 다 하는 것이죠. 조직도 마찬가지입니다. 출근하고 퇴근할 때의 모습만 봐도 되는 조직을 압니다.

한편, 부모의 걱정과 근심을 자기 것으로 생각하여 해결하고자 합니다. 부모가 우려할 만한 일들을 웬만하면 만들지 않으려고 노력합니다. 조직도 마찬가지입니다. 매출이 줄면 하나같이 자기 일로 여기고 분발합니다.

분위기도 그렇습니다. 가정을 방문하여 식사를 한 끼 같이 한다고 생각해 보세요. 서로를 존경하고 신뢰하며 서로 사랑하는 집안의 분위기는 그대로 손님에게 전해집니다. 조직도 마찬가지입니다. 매장을 방문한 고객은 그 느낌만으로도 그곳에서 계약을 할지 말지를 결정하게 됩니다.

날마다 오디션

> 내가 평생 노력한 것은 새롭고도 놀라운 방법으로
> 사람들에게 기쁨을 주는 일을 하거나 만드는 것이
> 었다.
> 이를 통해 나 스스로 즐거웠고 만족했다.
> - 월트 디즈니(Walt Disney, 디즈니 창업자)

오디션 열풍이다. 미국의 아메리칸 아이돌이란 프로그램을 벤치마킹하여 케이블 TV에서 방영한 '슈퍼스타 K'라는 오디션 프로그램은 히트 상품의 반열에 올랐다.

오스티엄에는 리마커블한 고객만족 프로그램이 있다. 이를 오마커블(오스티엄+리마커블) 서비스라 부른다. 오마커블 서비스 현황을 점검하는 과정이 오디션(오스티엄+오디션, Odition)인데, 그 오디션을 위한 매뉴얼인 스타일 매거진 Style Magazine은 분기 또는 반기 단위로 업그레이드되고 있다. 오디션은 비주얼 오디션과 드라마 오디션으로 구성된다.

비주얼 오디션은 고객이 매력 있는 공간에서 멋진 체험을 할 수 있도록 조명, 조도, 음향, 음악, 디스플레이 등을 확인하는 것이고, 드라마 오디션은 고객이 받게 될 서비스 동선을 확인하는 것이다.

한편 스타일 매거진을 실행하기 위한 매주 단위의 교육이 진행된다. 4단계 교육 프로그램으로, 화이트 벨트(입문), 블루 벨트(중급), 레드 벨트(고급), 블랙 벨트(서비스 마스터)의 과정이 포함된다. 각각의 과정이 주간, 분기, 반기 단위로 진행된다. 물론 과정 이수를

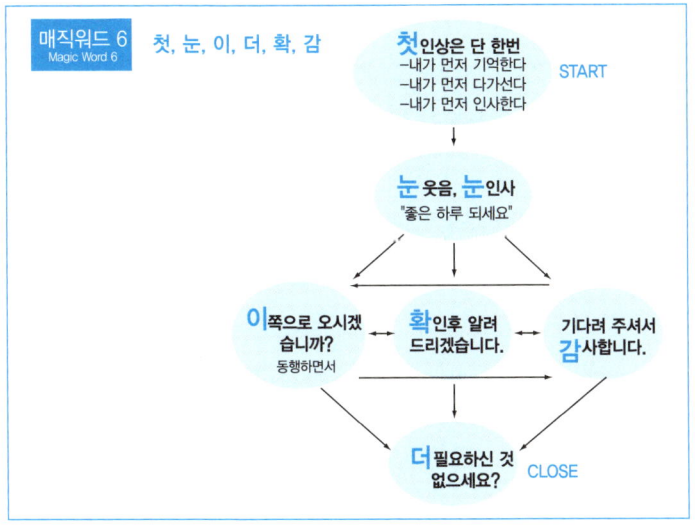

도표 8. 첫눈이더확감 순서도

통한 인센티브 구조를 가지고 있다. 각 사업장에서는 벨트 교육의 성과를 단계별 인원 비중으로 하고 있어, 고객만족을 위한 선의의 경쟁을 벌이기도 한다.

그중 하나인 블루 벨트 교육의 핵심은 '첫-눈-이-더-확-감'이다. 다양한 시행착오를 통해서 서비스의 핵심 6 키워드를 도출하였다. 훈련되지 않으면 하기 힘든, 그러나 짧은 한마디의 단어로 고객 섬김을 표현할 수 있는 개념이다.

고객이 사업장을 방문하여, 연회를 마치고 집으로 돌아가기까지의 전 과정은 스타일 매거진에 규정되어 있다. 이런 서비스 기획은 고객이 마치 한 편의 드라마의 주인공이 된 듯한, 또는 잘 연출된 뮤지컬을 본 듯한 경험을 유도하는 것을 목표로 한다. 그런 콘셉트를 이해하기 쉽도록 교육 책임자를 연출자 PD라고 호칭하고, PD들은 방송용 큐시트와 유사한 '스타일 매거진'을 숙지하고 있다. 불가능할 것 같은 이 목표는 점차 현실화되고 있다.

날마다 오디션이라면 아마도 그 긴장감을 감당하기 쉽지 않을 것이다. 그러나 그 오디션이 즐겁고 행복한 행위라는 확신이 선다면, 그리고 그 과정을 통해 고객이 열광하는 팬으로 변화해 가는 것을 바라볼 수 있다면, 오스티엄의 '날마다 오디션'은 멈추지 않으리라.

\Insight from daily twitting

어떤 씨앗은 일 년, 어떤 씨앗은 삼 년 걸려 열매를 냅니다. 씨앗을 뿌렸다면 기다려 보세요. 단, 뿌리지 않고 기다리거나 언제 어디 뿌렸는지 모르면서 기다릴 때 병 나고요.

꿈도 그렇습니다. 어떤 꿈은 10년 만에, 어떤 꿈은 3년 만에 이루어집니다. 오래되었다고 큰 꿈이 아니고, 금방 되었다고 작은 꿈이 아닙니다. 꿈은 어느새 이루어집니다.

씨앗을 품고 있다면, 과감하게 뿌릴 필요가 있습니다. 계획대로 순서대로 이루어질 것을 기대해서는 안 됩니다. 농부가 씨앗을 뿌린 후, 믿음을 가지고 일 년을 수고하지만, 기대한 수확을 얻을지 말지를 농부가 결정할 수 없는 것입니다.

때 아닌 홍수, 십 년만의 가뭄, 이른 서리 등 수많은 고비가 있습니다. 씨앗을 뿌린 이상 최선을 다하고 기다리는 것이 중요합니다. 초조함을 다스리는 능력도 필요합니다. 그것이 싫거나 무서워서 씨앗을 뿌리지 않는다면 아무것도 얻을 수 없는 것입니다.

365 에듀테인먼트 타임 테이블

학습이 없는 자유는 항상 위험하다.
반면 자유 없는 학습은 쓸모가 없다.
- 존 F. 케네디(Jhon F. Kennedy, 미국 대통령)

좋은 것을 보고 좋은 것을 들어야, 좋은 것을 생각하고 좋은 것을 만들 수 있다. 좋은 문화를 누린 사람이 좋은 문화를 창조할 수 있는 것이다. 뮤지컬이 아무리 대중화되었다고 하지만 좋은 뮤지컬을 일일이 찾아다니며 관람하기란 쉬운 일이 아니다. 시간도 그렇거니와 비용도 만만치 않다. 그러나 한 편의 잘된 뮤지컬은 상상의 날개를 달아주기 충분하다.

오스티엄에서는 적어도 1년에 3-4회 정도의 뮤지컬 단체 관람을 한다. '오페라의 유령', '미스 사이공', '라이언 킹', '미녀와 야수', '캣츠', '맘마미아' 등 해외의 내로라하는 뮤지컬은 모두 섭렵했다. '지하철 1호선', '비보이를 사랑한 발레리나', '난타', '드로잉 쇼' 등 국내 유명 연극이나 뮤지컬도 마찬가지다. 예산을 고려할 수밖에 없어 R석에서 관람하지는 못하지만, 감성을 자극하는 데는 부족하지 않다.

오스티엄에는 H&RD라는 부서가 있다. 일반적으로 인재개발실 HRD:Human Resource Development이 하는 업무와 비슷하지만 특별한 직무가 추가된다. H&RD는 Human & Resource Development의 약자로, 교육 기획, 서비스 기획과 더불어 조직이 잘 놀고, 잘 놀러가고, 잘 즐길 수 있도록 각종 행사를 기획하고 진행하는 부서이다. '놀고 먹는 부서'라는 농담을 하기도 한다. 에듀테인먼트의 개념이다. 교육을 놀이처럼, 놀이를 교육처럼. 1년 365일 에듀테인먼트 타임 테이블을 기획하고 실행하는 것이다.

여름에는 해외 연수를 기획한다. 물론 사업 환경이 영향에 따라 기를 쓰노 많았다. 겨울은 '비전 미팅'이라는 개념으로 종무식, 시무식 프로그램을 포함한 국내 연수로 진행된다. 그리고 봄과 가을에는 특별한 야외 활동을 기획한다. '서바이벌 게임', '산악 바이크', '인라인, 자전거 타기', '오리엔티어링' 등이 진행된다.

매월 초에는 HMK Happy Monday Koinonia가 오프라인 지점을 돌아가며 진행되는데, 행사 콘셉트는 4F이다. 즐기는 모임 Fiesta, 음식을 함께 하는 모임 Food, 즐거움이 있는 모임 Fun, 각종 정보가 공유되는 모임 Feedback이다. 자칫 의무적인 모임이 되지 않도록 철저히 기획한다. 연중 1회 이상은 '연탄 나누기', '헤비타트' 등의 봉사활동이 이루어진다.

동시에 개인적인 '365학점제'가 병행된다. 일 년 동안의 자기 학습 및 교육 계획을 스스로 관리해 나가며 365학점을 취득하는 프로그램이다. 매월의 독서 계획, 스크랩 및 포트폴리오 작성 계획, 온라인 외부 강의 등의 계획을 수립한다. 그 계획은 정한 기준에 따라 각각의 학점이 부여되고, 실행하면 그 학점을 취득하게 된다. 모든 학점을 취득하면 365학점이 되도록 설계되어 있다.

365 에듀테인먼트 프로그램을 위해 적지 않은 예산이 소요된다. 그러나 그것은 오스티엄의 감성 경영을 돕는 핵심 프로그램이다.

> Insight from daily twitting

교과서대로 되는 일이 없다고 하시는 분들이 있습니다. 그런데 그런 분들 정작 교과서에 있는 내용을 모릅니다. 기본을 익히지 않고 응용문제를 풀 수는 없습니다. 기본기가 중요합니다. 어려울수록 힘들수록 기본으로 돌아가야 합니다.

물론 교과서대로 안 되는 일이 있긴 합니다. 그러나 대부분은 교과서대로 되고, 그렇지 않은 일은 아주 드문 일입니다. 드문 일 때문에 공부를 안 한다면? 자기 합리화이고 결국 손해 봅니다. 기본기의 중요성은 아무리 강조해도 부족합니다. 골프를 잘하고 싶다면? 어두운 지하에 내려가서 한없이 벽에 대고 공을 치며 폼을 익혀야 합니다. 어떤 분은 축구를 잘하고 싶어서 개인 레슨을 받기도 합니다. 멋진 스노우보더가 되려면 수도 없이 넘어지고 자빠져야 비로소 즐길 수 있는 경지에 이르게 됩니다. 기본기를 잘 익히면 어떤 순간부터 성상의 가속도가 붙게 됩니다.

> # 성공한 체험이
> # 모이는 지식방
>
> 미래의 문맹자는 글을 읽을 줄 모르는 사람이 아니라 학습하고, 교정하고, 재학습하는 능력이 없는 사람이다.
> - 앨빈 토플러(Alvin Toffler, 미래학자)

지식 경영이 유행한 적이 있다. 지식 경영이라 함은, 근로자가 지식을 생성, 공유, 활용함으로써 기업의 부가가치를 높이는 경영을 말한다. 오스티엄에서는 지식을 '성공한 체험 Best Practice'이라 정의하였다. 지식방은 성공한 체험을 공유하고 적용하여 또 다른 성공 체험을 만들어 내자는 취지에서 만들어진 온라인상의 '방'이다. 인트라넷에서 운영되고 있다.

매월 성공한 체험을 올린 사람 중 가장 좋은 내용을 선정하여

'가장 좋은 성공 체험상 The Best Practice'을 시상한다. 가장 많이 업로드한 사람은 '최다 지식상 The Most Practice'을 받게 된다. 성공한 체험을 적용해 보고, 그 적용 사례를 올린 사람 중 가장 좋은 내용을 선정하여 '가장 좋은 적용상 The Best Application'을 시상한다.

영업 마케팅 성공 체험, 고객만족 성공 체험, 정리 정돈 청소 청결 성공 체험, 조리 성공 체험, 프로세스 및 관리 개선 성공 체험 등으로 구성된다. '청국장 잘 띄우는 방법', '라면 맛있게 끓이는 방법', '카펫에 묻은 껌을 쉽게 떼는 방법', '어려운 고객을 대하는 방법' 등 개인의 다양한 성공 체험이 공유되고 또한 적용되고 있다. 단순히 아이디어를 제출하던 시스템을 업그레이드한 것이다.

지식방 운영을 통해 개인의 성공 체험이 조직의 성공으로, 그것은 다시 개인의 성공 체험으로 이어진다. 지식 경영이 자연스레 구현되는 것이다.

지식을 공유하는 또 다른 형태의 모임이 있는데 '브랜드 모임 Brand Fair'이라 부른다. 직무가 같은 사람들이 연간 프로그램을 수립하고 한 달에 한 번 모임을 갖는다. 사업장의 특수한 상황상, 오프라인 모임을 갖기도 하고 영상회의를 하기도 한다. 월별 주제를 선정하고, 토론하고, 공유하고, 적용하고, 결과를 피드백하는 과정을 통해 지식이 공유되는 것이다.

때로는 특정 분야 사내, 사외 강사를 초빙하기도 하고, 분기나 반기 정도의 프로젝트를 진행하기도 한다. 그중 조리 브랜드 모임 Food

BF은 사내 조리 경연 대회를 기획하여 '블랙박스'라는 콘셉트로, 전 직원을 대상으로 한 이벤트를 개최한다. '블랙박스'는 검정색 박스 안에 사전 공지되지 않은 재료를 준비했다가 그 자리에서 개봉하여 콘셉트에 맞는 요리를 만드는 볼거리, 먹을거리, 재미가 있는 이벤트이기도 하다.

다양한 지식을 생성하기 위해서는 다양한 경험을 할 필요가 있다. 그래서 벤치마킹 투어를 정기적으로 한다. 리더들은 계획에 따라, 호텔 탐방, 맛집 탐방, 전시회 탐방 등을 함으로써 성공한 콘텐츠를 경험하고 그것을 실무에 적용하는 과정을 거친다. 지식, 즉 성공한 체험이 다양한 자극을 통해 다양한 콘텐츠로 재생산되는 것이다. 지식을 정량화할 수는 없으나, 그것은 정량화할 수 있는 자산 이상으로 기업 성장의 밑거름이 된다.

> **고객만족
> 서비스 방정식**
>
> 뛰어난 고객 가치를 전달함으로써 기초로 경쟁하고자 한다면 먼저 그것이 무엇인지 더 잘 알아야 한다.
> - 칼 알브레히트(Karl Hans Albrecht, 서비스 컨설턴트)

고객만족 CS:Customer Satisfaction의 개념이 정착화된 것은 1980년대 초 스칸디나비아 항공사 SAS가 그 시작이다. 고객만족의 개념이 우리나라에 소개된 것은 1990년대 초의 일이다. 그때를 시작으로 고객만족의 거센 바람이 휘몰아쳤다. 대기업은 물론이고 동네의 작은 구멍가게에서 공공기관에 이르기까지 고객만족은 중요한 주제가 되었다. 이제는 학교도 고객으로서의 학생을 만족시키는 교육을 해야 한다는 것을 당연히 여기는 분위기다.

마케팅의 최대의 목적이 새로운 고객을 유치하는 것이라면 서비스의 최대의 목적은 기존 고객을 유지하는 것이다. 서비스 품질이 제품의 기능과 품질 이상으로 기업 경영에 커다란 영향을 미치고 있다.

삼성경제연구소에서 발간된 이순철 박사의 『서비스 기업의 경영전략』은 서비스 경영에 영향을 미치거나 영향을 받는 요소들을 고객과 서비스 기업의 상호작용 안에서 잘 설명하고 있다. 서비스를 이해하기 위한 다음의 서비스 방정식은 아주 유용하다.

서비스 품질 Service Quality 은 기업의 서비스 수준 Sevice Level 에서 고객의 서비스 기대수준 Customer's Expectation Level 을 뺀 결과이다.

서비스 품질이 결정되는 과정에 고객의 기대수준은 그것을 결정짓는 중요한 요소이다. 고객의 기대수준이 낮아질 가능성은 없다고 봐야 한다. 사회가 서구화되는 과정에 끝없이 높아갈 것이 자명하다. 때때로 어떤 고객은 서비스 기대수준이 낮아 형편없는 기업의 서비스 수준에 굉장히 만족할 수도 있다. 아주 드문 일이지만 아무튼 기업이 제공하는 서비스의 수준이 고객의 기대에 부응하고 있는지에 대한 끊임없는 비교, 분석이 진행되어야 한다. 좋은 서비스 품질은 고객이 결정하는 것이다.

> SVC Q = SVC Level – Customer's Expection Level

다음으로 서비스 가치 Service Value는 서비스 결과 Output 더하기 서비스 전달과정 Process을 서비스 획득비용 Input으로 나눈 결과이다.

서비스 가치가 서비스 획득비용 대비 고객이 얻게 되는 서비스 결과가 아니라는 것이다. 고객은 서비스가 전달되는 과정 중에 체험하고 느낀 가치를 결과적인 서비스 가치로 인정하게 된다. 백 원을 지불하고 얻게 되는 백 원 내외의 가치는 일부일 뿐이다. 구매를 문의하는 과정에 전화를 받은 직원의 성실한 태도, 매장에 찾아 나선 고객이 쉽게 접근할 수 있도록 설계한 기업의 섬세한 배려, 매장에 들어서서 느끼는 음악, 향기, 청결 등을 통해 느껴지는 친밀함. 이 모든 과정, 즉 프로세스 가치가 서비스 가치를 배가하는 중요한 요소가 된다. 서비스가 전달되는 과정을 어떻게 기획하고 실행하느냐가 서비스의 가치를 결정짓는 것이다.

$$SVC\ V = \frac{Output + SVC\ Process}{Input}$$

끝으로 서비스 이익 Service Profit은 이윤 Output을 투자금액 Input으로 나눈 것에 고객의 재구매 횟수 Times를 곱한 것이 된다.

서비스를 통해 얻을 수 있는 이익은 일반적인 판매이익의 개념과 다르다. 즉, 만족한 고객의 재구매 및 타인 소개를 통한 이익이 서비스 이익의 범위에 포함되는 것이다. 한 번의 거래를 통해 얻을 수 있는 작은 이익을 포기할 때 가능한 개념이다. 만족한 고객은 반드시 누군가에게 그 경험을 전한다. 만족한 고객의 소개는 자기 평가의 척도이고, 서비스 이익 증대의 척도이며, 나아가 사업 지속의 척도가 된다.

$$SVC\ P = \frac{Output}{Input} \times Times$$

\ Insight from daily twitting

　　배움을 멈추는 순간, 늙습니다. 젊음은 끊임없는 지적인 호기심입니다. 죽기 전까지 멈추지 않는 배움의 열정을 보여준 대선배들은 얼마든지 있습니다.

　　세상에서 무서운 사람이 두 종류가 있다고 합니다. 하나는 책을 안 읽는 사람입니다. 자신의 경험만을 믿는 사람이죠. 그런데 더 무서운 사람은 책을 딱 한 권 읽은 사람이라고 합니다. 자신의 짧은 지식을 믿고 확신하는 사람입니다. 배우지 않은 사람이 믿는 것이 경험입니다. 그 경험은 작은 우물입니다.

　　세상에는 경험한 것보다 경험하지 못한 것이 훨씬 많은 것을 알아야 합니다. 내가 아는 지식보다 내가 알지 못하는 지식이 훨씬 많다는 것을 인정해야 합니다. 그러므로 배우려 하지 않는 사람은 교만한 사람입니다. 배우지 않고 잘하려고 하는 사람은 더욱 그렇습니다. 무엇이든 잘하고자 한다면 배워야 합니다. 배우고자 하는 마음은 호기심에서 나오는데, 그 호기심이 바로 젊음의 증거입니다.

내부 고객의
감정 노동과
회복 훈련

사소한 것들을 대수롭지 않게 지나친 결과 크나큰 실패를 초래할 수 있다.
못 하나가 모자라서 말굽을 잃을 수 있고, 말굽이 시원찮으면 말이 못 쓰게 될 수 있고, 말에 문제가 있으면 그 말을 탄 사람이 목숨을 잃을 수도 있다.
- 벤자민 플랭클린(Benjamin C. Franklin, 18세기 미국 정치가)

희로애락은 인간에게 주어진 기본적인 감정이다. 그러나 서비스 관련 직종에 종사하는 사람에게는 그 감정 중 기쁨과 즐거움만이 허락될 뿐이다. 일터에서 다른 감정은 허락되지 않는다. 그런 이유로 상당히 많은 경우, 일을 하던 사람들이 마음의 병을 얻고 일터를 떠나게 된다. 육체노동이나 정신노동과는 다른 차원의 노동, 즉 감정노동이 원인이 된 잘못된 결과라고 할 수 있다. 감정노동의 환경을 개선하여 이러한 문제를 풀어야 한다. 조직과 개인의 꾸준한 노력이 동시에 요구된다.

'우리는 신사 숙녀에게 서비스를 제공하는 신사 숙녀이다.' 글로벌 호텔체인인 리츠칼튼 호텔의 서비스 신조 중 한 대목이다. 서비스를 제공하는 사람들의 자존감이 느껴진다. 스스로의 일을 사랑하고 스스로를 존중하는 문화를 통해 감정노동의 질을 업그레이드할 수 있다. 나아가 감정노동으로 인한 피로감을 낮출 수 있는 계기가 된다. 서비스를 하는 사람과 그 서비스를 받는 사람이 모두 존중되는 문화를 만들어야 한다.

비행기 기내에서 깜박 잠든 고객에게 승무원이 아주 조심스레 담요를 덮어 주는 장면을 상상해 보라. 신사 숙녀를 배려하는 신사 숙녀의 따듯함이 느껴진다. 레스토랑에서 식사를 하던 커플 중 한 사람이 먹던 음식을 흘린 것을 모르고 식사를 하고 있다. 그때 '손님, 찾으시는 전화가 왔는데요'라고 불러내 물수건을 살짝 건네는 신사 숙녀를 상상해 보라. 그 서비스의 수준과 가치는 최고라고 할 수 있다. 이런 감정노동은 자존감이 충만한 상태에서 가능한 것이다. 그것은 조직이 섬겨야 할 가장 중요한 고객이 바로 직원이라는 인식에서부터 시작된다.

육체노동과 정신노동은 감정노동을 동반한다. 감정노동으로 인한 피로를 회복하기 위해서는 일과 휴식의 균형이 중요하다. 그런데 여기서 휴식을 구분해서 이해해야 할 필요가 있다. 쉼, 오락, 여가활동 등의 균형을 갖추어야 한다.

쉰다는 것은 그야말로 아무것도 하지 않는 것이다. 가장 편안한 상태를 유지하며 고른 영양 섭취를 위해서 과일과 야채를 많이 먹는 것도 필요하다. 한편 오락이란 즐거운 행위이다. 그것이 정신적이든 육체적이든 즐거움을 위한 어떤 행위이다. 그것은 감정노동으로 지친 영혼을 즐겁게 한다. 여가활동은 일과 대비되게 무엇인가 다른 것을 함으로써 감정의 균형을 이루는 데 도움이 되는 활동이다. 이렇듯 일과 쉼, 일과 오락, 일과 여가활동의 균형을 맞추는 것은 감정노동으로 인한 피로를 회복시키는 명약이 될 것이다.

> 조직 커뮤니케이션
> FORD법칙
>
> 진리를 논하기 위해서는 두 사람이 필요하다. 한 사람은 말하기 위해서, 다른 한 사람은 듣기 위해서 필요하다.
> - 헨리 데이비드 소로(Henry David Thoreau, 19세기 미국 철학자)

대기업이건 중소기업이건 워크숍의 단골 주제가 있나. 첫 번째가 커뮤니케이션 활성화이고 두 번째가 시스템 개선이다. 조직 내에서 일어나는 일은 시작이 있고 끝이 있다. 일이 시작되면서 이해관계자가 수직, 수평, 직접, 간접으로 관여하게 되는데, 의사소통에 장애가 있다는 것은 혈관이 막히는 것과 같고 결국 의도한 목표를 이룰 수 없게 된다는 것이다. 건강하고 역동적인 조직은 그 시스템의 완성도나 수준과 상관없이 개선의 필요를 스스로 느끼게 되어 있다. 커뮤니케이션이 살아 있고 시스템 개선을 위해 끊임없이 노력하는 조직을 만들려면 어떤 노력이 필요한가?

FORD의 법칙은 커뮤니케이션 활성화와 시스템 개선 활동을 위한 역동적인 조직 문화를 이룩하기 위해 필요한 체크리스트들이다.

먼저, 피드백Feedback이 살아 있는 조직문화가 반드시 필요하다. 피드백의 범위는 그야말로 아주 작은 몸짓에서 프로젝트 수행을 위한 다양하고 복잡한 의사소통까지 끝이 없을 정도로 넓다.

두 사람이 처음 만났을 때 한 사람이 분위기의 어색함을 없애기 위해 미소를 지어 보냈다고 해보자. 당연히 그것에 반응하여 같이 미소를 보낼 것이다. 피드백이다. 만일 그런 자극에도 반응하지 않는 사람이 있다면, 그것은 사회생활을 영위하는 데 치명적인 단점이 될 것이다.

어떤 보고서를 위해 관련 부서의 담당자에게 자료를 요청했다고 해보자. 그런데 요청을 받은 담당자가 약속한 날짜가 지나서야 자료를 전달하지 못한 것을 발견했음에도 불구하고 다시 요청을 할 때까지 아무런 조치를 취하지 않았다면? 피드백이 없는 사람이다. 그런 일이 반복되면 조직은 서로를 신뢰하지 못하는 이기적인 문화를 양산하게 된다. 한편 피드백이 있는 사람은 즉시 뒷사람을 위한 급한 조치를 취할 것이고, 그런 피드백들이 살아 있는 조직은 늘 생기를 유지할 수 있는 것이다.

오스티엄에서는 업무의 완성도뿐만 아니라 그를 위한 사전, 사후 의사소통의 중요성을 늘 강조하고 있다.

운영을 위해 특별히 규정된 용어 Operating System Language가 커뮤니케이션을 활성화시키고 동시에 시스템을 개선시키는 데 큰 기여를 하게 된다. 새로 만들어진 부서 내에서, 혹은 경력자가 입사한 조직 내에서 같은 단어를 쓰면서도 서로 다르게 이해하는 경우가 비일비재하다. 결국은 같은 의미이지만 서로 다른 이해를 할 수도 있고, 서로 다른 이해를 같은 의미로 해석해 버리는 경우도 있다. 가장 좋은 방법은 중요한 개념을 함께 공유하여 새로운 단어로 표현하는 것이다.

오스티엄에서는 정확한 의사소통을 위한 용어집을 배포하고 교육한다. 입사 교육을 통해 용어를 숙지하지만, 익숙해지기까지 소통의 어려움을 겪는다. 그러나 곧 오해의 소지가 없는 완벽한 업무 의사 소통을 하게 된다. 오히려 그것이 없는 조직에 비해 훨씬 빠른 시간 안에 적응하게 된다. '특별히 규정한 용어' 덕분이다.

보고 Reporting가 제때 정확히 이루어지지 않아 일을 그르쳤다고 판단되는 경우, 그것은 보고의 방법과 절차 혹은 시기가 잘못되어서일 수도 있지만, 업무 지시가 제대로 내려지지 않았을 수도 있다. 보고는 피드백의 일환이지만 조직의 체계적인 의사소통을 위한 중요한 수단이기도 하다. 좋은 보고는 좋은 업무 지시에서 비롯된다. '영업 현황을 보고해 주세요.' '네, 알겠습니다.' 무엇이 잘못된 것일까? 업무 지시가 명확하지 않다. 언제까지 보고해야 하는지, 구두 보고인지, 문서 보고인지, 월간 보고인지, 분기 보고인지 확실하지 않다. 결국은 업무를 지시한 사람은 원하지 않는 방법으로 원하지 않는 형식으로 보고받게 되고 그제서야 추가적인 작업을 주문하게 되는 경우가 발생한다. 그런 조직은 무뎌지고 활기를 잃게 될 것이다.

마지막으로 데드라인 Deadline을 지키는 문화를 만들어야 한다. 데드라인은 밟으면 죽는 선이다. 아무리 큰 조직이라도 데드라인을 지키지 않는 문화를 가지고 있다면 오래가지 못할 것이다. 데드라인은 조직 내에 존재하는 약속이다. 약속의 종류는 다양하다. 약속은 시스템의 핵심이다. 다양성과 창의성을 인정하되 조직이 세운 목표를 위해 필요한 약속을 세우고 그것을 밟으면 죽는다는 각오로 임하는 조직 문화가 필요하다.

오스티엄 각 사업장의 영업 마감이 다가올 때, 살아 있는 조직은 그 마감을 지키기 위해 커뮤니케이션과 피드백을 더욱 활발히 하며 팀워크를 통한 놀라운 시너지를 발휘하게 된다. 데드라인을 지키고자 하는 열정의 결과이다.

\ Insight from daily twitting

신중함과 신속함. 신중해야 할 때 신속히 결정하고 신속해야 할 때 신중히 결정하면? 꽝이죠. 신중함과 신속함의 균형을 잡는 사람이 '무림고수'입니다. 그들의 균형 잡힌 결정은 그들의 내공으로부터 시작됩니다.

'We lose balance, we lose power. 균형을 잃으면 힘도 잃는다.' 운동도 그렇고 일도 그렇습니다. 균형을 잃고 얻을 수 있는 것은 없습니다. 스피드가 중요한 경쟁력이지만, 속도 조절이 안 되면 대책 없습니다. 신속해야 할 때, 천천히 해야 할 때, 멈추고 기다려야 할 때를 조절할 줄 알아야 합니다.

눈치 없이 뒤죽박죽하는 사람이 의외로 많습니다. 균형을 잘 잡으면 두 마리 토끼를 다 잡을 수 있습니다. 수익성이냐 안정성이냐가 아니라 수익성과 안정성, 원가냐 디자인이냐가 아니라 원가와 디자인, 명분이냐 실리냐가 아니라 명분과 실리. 정말 훌륭하게 균형 잡힌 내공에서 나오는 예술 같은 결과라 할 수 있습니다.

> # 달려가고 싶은
> # 위대한 일터
>
> 위대한 것 앞에서는 사소한 것이 사라진다.
> - 로버트 프리츠(Robert Fritz, 경영 컨설턴트)

　일반적으로 좋은 회사는 투자하고 싶은 회사, 입사하고 싶은 회사, 거래하고 싶은 회사다. 기업의 주인이 주주라고 할 때, 주주의 이익을 극대화하는 기업이 바로 좋은 기업의 첫째 조건이다. 좋은 기업에는 좋은 사람이 있다. 꿈과 열정을 가지고 능력을 발휘하는 사람들이 만드는 회사다. 준비된 인재들이 들어가 꿈을 펼치고 싶어 하는 회사가 좋은 기업의 둘째 조건이다. 회사는 자원을 투입하여 가치를 더해 상품을 만들어 낸다. 많은 협력업체로부터 자원을 공급받고 가치를 더한 상품을 만들어 소비자에게 전달한다. 좋은 기업은 자원을 공급하는 회사가 거래를 하고 싶어 하는 회사다.

그런데 '좋은 것은 위대한 것의 적'이라고 역설한 존 콜린스의 진단에 주목할 필요가 있다. 즉, 좋은 회사의 조건이 위대한 회사가 되는 조건의 적이 되는 것이란 해석이다. 좋은 회사의 조건이 기업 중심의 패러다임인데 반해, 위대한 기업의 조건에는 구성원 간의 상호 관계가 포함된다. 기업과 그 기업을 이루는 구성원이 함께 만들어 가는 그런 회사인 것이다.

오스티엄은 좋은 회사를 넘어 위대한 기업을 꿈꾸며 세 가지 목표 3 GOALS를 선정했다. 그 첫째가 '대한민국 최고의 서비스 벤처 주식회사Service Venture Company'이다. 인터넷 벤처, 바이오 벤처가 각광받던 시절이 있었고 지금도 그렇다. 그러나 3차 산업의 기반인 서비스 분야와 벤처 문화가 함께 어우러진다면 또 다른 시너지를 일으킬 수 있다. 서비스의 제품화와 제품의 서비스화, 두 마리 토끼를 잡을 수 있다. 많은 기업에서 서비스의 제품화를 중요한 과제로 추구한다.

동시에 기존 제품에 서비스를 추가하는 방법으로 고객에게 더 나은 가치를 제공하고자 한다. 서비스 기반 기업이 벤처 패러다임을 갖게 되는 경우 혁명적인 변화를 거쳐 위대한 기업이 될 수 있을 것이다. 서비스 벤처를 지향하는 조직의 문화를 위해서는 누구보다도 최고경영자가 앞장서야 하는 것은 자명한 일이다. 오스티엄은 관련 서비스 업계에서 최초로 경영혁신형 기업으로 인증받은 바 있다. 목표 달성이다.

두 번째 목표는 '눈만 뜨면 달려가고 싶은 위대한 일터 The Great Work Place'이다. 우선 '위대한 일터'는 최고경영자뿐만 아니라 모든 구성원이 함께 만들어 갈 때 가능하다. 눈만 뜨면 달려가고 싶은 위대한 일터를 상상해 보자. 일터는 시간과 공간을 어우르는 개념이다. 시간적인 개념에서 대부분의 사람들은 하루 평균 8-12시간을 일터에서 보낸다. 경우에 따라 그 이상의 시간을 보내기도 한다. 눈을 뜨고 있는 시간의 약 70퍼센트를 일터에서 보내거나 일과 관련된 시간으로 보내는 것이다. 일터는 다양한 형태의 공간으로 이루어져 있다. 고객을 만나는 영업사원은 그 만남의 장소가 자신의 일터이기도 하지만 대부분의 물리적 공간은 제한적이고 좁은 공간이다.

그렇다면 과연 눈만 뜨면 달려가고 싶은 위대한 일터가 갖추어야 할 조건은 무엇일까? 만족할 만한 근무환경, 복리후생 및 복지 조건 같은 것이 절반이라면, 소명으로서의 직업의식, 건강한 대인관계를 위한 노력, 끊임없는 자기계발과 쇄신이 나머지 절반이라고 할 수 있다. 즉, 절반은 기업이 제공해야 할 의무가 있다면 그 나머지 절반은 구성원의 몫이라는 것이다. 위대한 기업을 이루기 위해 최고경영자로부터 신입사원까지 함께 만들어 나가야 하는 과제이다.

  위대한 기업으로서의 세 번째 목표는 '요셉과 같이 꿈을 이루는 비전 센터 Vision Center'이다. 기업을 구성하는 모든 조직원의 개인 신념과 비전이 이루어지는 곳이어야 한다는 것이다. 기업의 비전이 개인의 비전을 포함하고 동시에 개인의 비전을 위해 기업이 제공하는 기회가 있어야 한다. 꿈을 꾸고 그 꿈을 이루는 비전 센터를 의미한다. 서비스 벤처를 만드는 것이 최고 경영진의 책임에 해당하고, 눈뜨면 달려가고 싶은 위대한 일터는 최고 경영진과 구성원의 상호 책임의 영역이라면, 비전 센터를 이루는 것은 지위 고하를 막론하고 모든 개인 책임의 영역이라 할 수 있다.

Insight from daily twitting

사람은 꿈의 크기와 모양을 닮아갑니다. 먼저는 가슴이 닮아가고, 다음 머리가, 그 다음 몸이, 마지막으로 실력이 닮아갑니다. 소박하고 작은 꿈이건, 화려하고 원대한 꿈이건.

꿈을 이루기 위해 하지 말아야 할 것 한 가지는 '포기'입니다. 꿈을 이루기 위해 해야 할 것 한 가지는 '여태껏 하지 않았던 새로운 시도'입니다. 꿈은 이루어집니다. 단, 꿈이 이루어질 때까지 꿈을 지니고 있어야 합니다.

꿈이 있는 사람은 모래 바람이 분다고 눈을 감지 않습니다. 오히려 더 힘주어 뜹니다. 모래바람이 왜 부는지 알아내는 데 힘쓸 필요 없습니다. 어떻게 할지 가장 좋은 방법을 찾는 데 힘쓰면 됩니다. 혼란 속에 분명 생각지 못한 방법이 있습니다. 그런 도전과 응전의 과정이 실력을 키워 줍니다.

작든 크든 꿈을 이뤄본 사람은 압니다. 그래서 못 이뤄 본 사람에게 이렇게 말합니다. '거의 다 된 것 같은데, 왜 포기해?'라고 말입니다.

"세상에서 가장 행복한 사람들!"

CHAPTER 3

크리에이티브 피플

> ## 어렵게 뽑아서 쉽게 가기
>
> 대부분의 경우 우리에게 가장 큰 위험은 높은 목표에 도달하지 못하는 것이 아니라, 오히려 낮은 목표에 쉽게 도달하는 것이다.
> - 미켈란젤로(Michelangelo Buonarroti, 르네상스 화가)

"우리가 찾는 것은 기술이 아니라 좋은 사람이다. 우리는 사람들이 업무 기술을 갖추도록 교육할 수는 있지만, 태도가 좋아지도록 만들 수는 없다."

"다른 사람에게 봉사하는 것을 즐기는 사람을 찾는 데서 시작한다. 이것이 우리가 추구하는 서비스의 시작이다."

"고객을 싫어하는 사람을 채용하지 말라. 그들은 교육으로도 불가능하다."

"사람을 교육시켜서 친절하게 만들 수 없다. 우리는 처음부터 친절한 사람을 채용한다."

서비스 기업의 서비스 인재 채용의 기준을 살펴볼 수 있는 말들이다. 이들 기업이 공통적으로 말하는 서비스 인재 채용의 기준은 인성과 태도이다.

대기업 입사를 선호하는 현실 덕분에 중소기업이 인재를 확보하기란 쉬운 일이 아니다. 게다가 서비스 기업의 특수한 라이프스타일을 즐길 수 있는 인재는 더욱 그러하다. 그렇다보니 훌륭한 인재를 뽑아야 한다는 목표가 있음에도 불구하고 현실과 타협하는 경우가 허다하다. 물론 그런 입사자가 기업이 기대하는 인재로 성장할 가능성은 회박하다. 결국 오래 근속하지 못할 수밖에 없고, 기업은 또 채용 계획을 세워야 한다. 악순환이다.

대부분 급하게 채용해야 하는 경우, 현장의 갑작스러운 결원이 그 이유이다. 그래서 중소기업이 제대로 된 인재를 뽑는 것만큼 중요한 것은 인력 운영 기능이다. 현장에서 결원이 생기는 것을 대비하고 최소한 입퇴사의 순서가 뒤바뀌지 않도록 관리하여야 한다. 그래야 원하는 인재를 확보할 수 있는 최소한의 여유를 가지게 되는 것이다.

서비스 기업의 인재는 서비스 기업의 라이프스타일에 맞출 수 있는 인재이다. 한편 회사는 회사가 필요로 하는 인재가 강한 자부심을 가지고 열정을 다할 수 있도록 환경을 조성해야 한다.

'쉽게 뽑아서 어렵게 가기'와 '어렵게 뽑아서 쉽게 가기'는 늘 현실과 충돌하거나 타협한다. 그래서 오스티엄의 입사 기준 중에는 명문화할 수 없는 기준이지만 '직전에 퇴사한 인재보다 나은 인재를 뽑아야 한다'는 것이 있다. 상대적으로 전임자보다 조금이라도 낫다는 확신을 가지고 선발해야 한다는 것이다.

그 기준에 따라 오스티엄은 동종업계 출신이 아닌 인재를 뽑는 것도 적극 권장한다. 패션계 출신, 광고 출신, 디자이너 출신, 유통 출신 핵심 인재들이 멋진 영향력을 발휘하며 일하고 있다. 다음에 뽑을 인재는 이전에 뽑은 인재보다 나아야 한다. 중요하고 소중한 기준이다.

> ## 교육 훈련의 양면성
>
> 문제는, '우리가 직원들을 훈련시키는데, 그만 떠나버리면 어쩌나'가 아니다.
> '우리가 훈련시키지 않았는데 남아 있으면 어쩌나'가 바로 문제다.
> - 브라이언 트레이시(Brian Tracy, 컨설턴트)

　옷에 묻은 1%의 먹물이 99%의 이미지를 결정짓는 경우가 있다. 완벽을 기하는 서비스의 중요성을 거기에 비유한다. 열 번을 잘해도 한 번의 잘못으로 겪게 되는 불만 처리는 그 에너지와 비용이 상상 이상이다. 교육과 훈련이 가장 바람직한 대안이다. 좋은 인재를 채용해야 함은 물론이다.
　인재를 모집하는 일은 기업의 중요한 과제이다. 그러나 모집한 인재에 대해 적합한 교육과 훈련을 통해 기업의 미래의 성장 동력이 되도록 하는 것은 더욱 중요한 과제이다. 그런 의미에서 교육 훈련의 중요성은 유전 개발에 비유할 수 있다. 거대한 매장량이 묻혀 있는 유전을 발견했다고 하더라도 그 원유를 잘 정제하여 최상의 휘발유를 만드는 과정이 없이는 아무런 쓸모가 없는 것이다. 좋은 교육 훈련을 제공하는 것은 기업의 막중한 의무이자 책임이다.

그런데 교육 훈련을 기획하고 진행하는 측과 그것을 받는 교육생은 항상 양면적인 상황에 놓이게 된다. 교육을 받는 사람 입장에서 그 교육 훈련은 자기 성장의 원동력이 된다. 감추어진 가능성을 발견하는 과정이 되기도 하고 더 높은 목표 의식을 가지게 되는 동기부여의 계기가 되기도 한다.

조직의 비전을 알아 가게 되며 그 비전에 동참하는 방법을 고민하게 된다. 다이아몬드를 갈고 닦는 이유가 그것이 다이아몬드이기 때문인 것처럼 좋은 교육 훈련은 인재를 더욱 인재답게 만드는 연마의 과정인 것이다.

한편 교육생은 그들에게 주어진 교육과 훈련에 의해 평가가 이루어지고, 그에 따른 성적을 받게 된다. 순위가 매겨진다. 높은 평가를 받는 사람부터 극단적인 평가를 받는 사람까지 줄을 세우는 작업이 바로 교육 훈련인 것이다. 교육 훈련은 기준을 제시하는 일이다. 조직 문화에 긴장감이 없다면 그것은 제시된 엄격한 기준이 없기 때문이다. 스스로의 교만으로부터 벗어나게 해 주는 것이 교육이다. 기준이 없으면 조직이건 개인이건 방향 감각을 잃게 되는 것과 같다. 교육 훈련은 그 기준에 도달한 사람과 많은 노력을 해야 할 사람을 구분해 준다.

좋은 교육과 훈련은 한 줄짜리 매뉴얼의 위력을 보여준다. 두꺼운 매뉴얼과 업무 처리 절차만으로는 부족한 것을 완성시키는 것이 좋은 교육 훈련이다.

좋은 교육 훈련은 누구보다도 자기에게 철저한 사람을 만들어 낸다. 안 되는 이유를 생각하기보다 될 수 있는 방법을 찾아내는 사람이 가득 찬 조직을 상상해 보라.

좋은 교육 훈련은 팀워크를 완성시킨다. 잘 훈련된 농구 선수들이 블라인드 패스를 하는 모습은 마치 한 편의 드라마를 보는 것과 같다.

좋은 교육 훈련은 문제 해결 능력을 키워 준다. 문제는 늘 존재한다. 다만 문제를 해결하기 위한 다양한 대안을 내지 못할 뿐이다. 문제 해결 능력이야말로 교육 훈련이 가져다 주는 값진 선물이 아닐 수 없다.

좋은 교육 훈련은 좋은 습관을 만든다. 처음에 교육 훈련이 습관을 만들었다면, 나중에는 습관이 인재를 만들게 되는 것이다.

오스티엄의 신입 교육 매뉴얼은 대기업 신입 사원 매뉴얼보다 꼼꼼하고 내용이 많아 두껍다. 오스티엄이 교육 훈련의 중요성을 강조하는 이유이자 결과이다.

교육 훈련이 없는 조직은 성과만을 중요시할 경향이 높다. 주어진 임무를 성공적으로 완수하기 위한 방법과 도구는 제공하지 않은 채 그저 성과만을 요구하는 것이다. 성과만 내는 사람과 조직은 교만해질 것이다. 교만한 조직과 사람은 오래가지 못한다.

월요일을 기다리는 사람들

열정적이지 못한 인생은 살 가치가 없다. 열정적이지 못한 삶을 시험해볼 가치도 없다.
세월은 피부를 주름지게 하지만 열정을 저버리는 것은 영혼을 주름지게 한다.
- 더글라스 맥아더(Douglas MacArthur, 미국 극동군 사령관)

월요일 출근이 기다려지는 사람은 행복한 사람이다. 월요일 출근길에 기대와 감격으로 어깨를 들썩이며 걸을 수 있다면 정말 행복한 사람이다. 눈만 뜨면 달려가고 싶은 위대한 일터를 소유한 사람들. 그들이 만들어 가는 일터에는 기쁨과 즐거움 그리고 격려와 축복이 넘쳐흐른다. 천국을 소유한 사람들이다. 행복한 월요일이 그들의 것이다.

첫 출근의 감격을 기억하는가? 기대와 설렘으로 출근하던 그

날의 감각을 유지할 수 있는 사람은 행복한 월요일을 소유할 수 있다. 물론 현실은 그런 감각을 깨기 십상이다. 오히려 출근이 두려워질 수밖에 없는 어려움과 중압감에 시달리기 시작하는 때가 올 것이다.

그러나 어려움과 중압감이 있기 때문에 출근하지 않는 사람도 없다. 수업에 출석하지 않을 자유는 있지만, 회사에 출근하지 않을 자유는 없는 것이 현대인이다. 첫 출근의 감각을 한결같이 유지할 수 있는 사람이 행복한 월요일의 감동을 누리는 것이다.

애인이 같은 일터에 있다고 생각해 보자. 월화수목금토 매일이 행복한 출근일 것이다. 아침 일찍 일어나 사랑하는 애인을 만나기 위해 집을 나서는 발걸음은 가볍고 경쾌할 것이다. 행복한 월요일을 소유한 사람은 일을 애인처럼 사랑하는 사람이다. 연봉만을 위하여, 진급만을 위하여, 그리고 더 나은 조건만을 위하여 일하는 사람은 행복한 월요일을 가질 수 없다.

'너 없인 못 살아'라고 했던 고백이 '너만 없으면 살겠다'라는 비명으로 바뀌는 경우가 허다하다. 그러나 완전한 사랑을 위하여 상대방의 장점과 단점을 모두 사랑하고 이해해야 하는 것이 필요한 것처럼, 자기가 하는 일을 사랑하고 자부심을 가질 수 있는 사람이 행복한 월요일의 주인공이 되는 것이다.

목구멍이 포도청이기 때문에 일한다고 생각하는 사람은 행복한 월요일을 소유할 수 없다. 자기가 하는 일들의 의미와 본질을 재정의 Redefinition할 수 있어야 한다. 자신이 하는 일을 스스로 비하하는 사람이 있다. 그런 의미에서 '난 그저 월급쟁이일 뿐'이라고 표현하는 사람은 행복한 월요일을 느낄 수 없다. 판매하는 일을 컨설팅으로, 디자이닝으로, 코디네이팅으로 재정의할 수 있는 사람이 행복한 월요일의 주인공이다. 물건을 배달하는 일을 물류센터 설립을 위한 기초 작업으로, 복사 심부름을 회사 업무 파악의 필수 과정으로, 부서 이동을 미래 CEO를 향한 필수 코스로 재정의할 수 있는 사람이 행복한 월요일을 맛볼 수 있는 것이다.

변화를 즐기고 자기 일을 업그레이드시키기 위해 날마다 새로운 방법을 찾는 사람이 행복한 월요일을 맞이할 수 있다. 매일 다른 방법으로 출근해 보면 어떨까. 하루는 버스로, 다음 날은 택시로, 때로는 자전거나 인라인스케이트로, 가능하다면 오토바이도 좋다. 지금까지 시도해 보지 않았던 새로운 방법으로 내가 하는 일을 해보자. 행복한 월요일뿐만 아니라 매일매일 색다른 행복을 누릴 수 있게 될 것이다.

월요일 아침 출근길이 행복할 정도로 현실은 호락호락하지 않다. 그러나 그것은 환경의 문제가 아니고 선택의 문제이다. 기쁨과 환희가 넘치는 위대한 축복의 월요일을 맞이해 보자.

\Insight from daily twitting

'한 번 봤을 뿐인데, 잊히지 않는다.', '사자가 자세를 바꾸면, 밀림이 긴장한다.' 독일 B자동차의 인상적인 광고 카피입니다. 매력과 박력을 느끼게 합니다. 매력과 박력은 또 하나의 능력입니다.

'성공은 성공을 끌어당기고, 실패는 실패를 끌어당긴다.' 끌어당김이 영어로 Attraction이고, 번역하면 매력입니다. 매력은 끌어당기는 힘이 있습니다. 매력은 사람도, 돈도, 행복도 끌어당깁니다. 매력은 인격적인 말씨, 현란한 솜씨, 멋진 맵시를 떠올리게 합니다. 결코 저절로 된 것이 아니고, 참고 견딘 대가로 받는 찬사입니다.

박력은 사람을 일으켜 세우는 건강한 에너지입니다. 박력 있는 사람 옆에 있으면 절로 힘이 나고 주변에 신바람이 납니다. 한편, 사람을 밀어내는 사람이 있습니다. 그들은 박력과 실력을 갖추었지만 인간적인 매력을 갖추지 못했습니다.

신문이라는 교과서

나는 아직 배운다.
- 미켈란젤로(Michelangelo Buonarroti, 르네상스 화가)

오뉴티임에 입사한 모든 직원은 '신문 읽기와 스크랩'을 의무화하고 있다. 365학점 중 중요 배점 항목으로, 반기에 한 번은 자기 전공 분야의 스크랩을 제출해야 한다. 여유가 되면 보수 언론 중 하나, 진보 시각의 신문 하나, 경제지 하나, 스포츠 신문 하나, 총 4종의 신문 구독을 권한다. 그렇지 않을 경우 경제지 중 '매일경제'를 읽기를 권한다. 인터넷 기사, 모바일 기사를 보는 것도 가능하겠지만 오프라인 신문 읽기를 권하는 몇 가지 이유가 있다.

전문가라면 한 손에는 포트폴리오, 또 다른 한 손에는 스크랩이 있어야 한다. 결국 그 포트폴리오와 스크랩은 전문가를 전문가답게 할 뿐만 아니라, 잘 정리된 스크랩과 포트폴리오는 기획 출판의 기회를 가져다 줄 수 있다.

신문을 꾸준하게 읽다 보면, 자기 전공 분야의 기사가 어떤 주기로 나오는지 알게 된다. 또한 그 기사의 내용을 따라가면 중요한 정책 변화, 업계 동향, 신상품이나 신 서비스, 마케팅, 이벤트 등을 참조할 수 있다. 자기가 속한 업계를 더 잘 이해하기 위해서는 관련 산업을 이해해야 하는데, 그 또한 유용한 도구이다.

무관할 것 같은 단순한 사건이 몇 단계를 거쳐 비즈니스 환경에 어떤 영향을 미치는지도 시뮬레이션해 보면서 전략 기획 능력 향상을 위한 좋은 수단으로 활용할 수 있다.

신문 읽기를 통해 시대의 변화를 반영하는 키워드를 이해한다. 노무족 No More Uncle, 위미노믹스 Women+Economics, 로하스족 Lifestyle Of Health And Sustainablility, 몰링족 Malling 등, 신문 혹은 언론은 시대를 반영하는 수많은 신조어들을 만들어 낸다.

단순히 재미로 볼 수도 있지만 트렌드를 이해하는 데 도움이 된다. 나아가 상품 기획과 고객 서비스 개발에 적용하여 그 완성도를 높일 수 있다. 메가트렌드와 마이크로트렌드를 구분하는 능력을 갖추는 데도 도움이 된다.

특집 기사를 잘 활용하면, 효율적인 전문성 함양의 방법이 된다. 신문 기사의 완성도는 기자의 전문성에 달려 있다. 갈수록 기사의 전문성이 중요해짐에 따라, 대부분의 신문사는 분야별로 전문 기자 제도를 둔다. 전문성 있는 기자의 특집 기사를 효율적으로 스크랩하면 좋은 학습 자료가 된다.

사장이라 해도 근무 시간에 신문을 읽는 것은 볼성 사납다. 신문은 아침에 읽어야 제격이다. 출장이나 휴가 후, 밀린 신문을 몰아서 보는 것처럼 고역도 없다. 그래서 신문 읽기는 '아침형 인간'에게 적합하고, 또 신문 읽기가 '아침형 인간'을 만들 수도 있는 것이다.

> ## 희망은 위대한 선물
>
> 누구나 처음으로 되돌아가서 새 출발을 할 수는 없지만 누구나 지금부터 시작하여 새로운 결말을 만들어 낼 수는 있다.
> - 카를 바르트(Karl Barth, 스위스 신학자)

사업 초창기에 한 경영 컨설턴트에게 이런 질문을 받았다. "오스티엄의 핵심 역량이 무엇인가요?" 평범한 질문이었지만, 그렇다고 딱히 특별한 것이 생각나지도 않았다. 잠시 후, 질문에 대하여 "오스티엄의 핵심 역량은 사람입니다."라고 대답했다. 그러자 돌아온 반응은 "아, 네. 없다구요."였다.

최근에 만나는 업계 관련 종사자들로부터 "오스티엄에서 일하는 사람은 뭔가 특별해요."라는 기분 좋은 평가를 듣는다. 그럴 때면 똑같이, 그러나 자신 있게 "오스티엄의 핵심 역량은 사람입니다."라고 말한다. 그러면 "아, 네. 훌륭합니다."라는 칭찬이 돌아온다. 시대가 바뀐 것인가?

오스티엄 사람들에 대한 또 다른 칭찬은, 잘 훈련되고 항상 희망에 가득 찬 인재들이라는 것이다.

희망은 훈련된 삶의 태도이고 희망은 습관 중 가장 좋은 습관이다. 막연히 '앞으로 일이 잘 풀릴 거야.'라고 생각하는 것이 낙관이라면, 희망은 낙관과 다르게 비교된다. 희망은 인간을 인간답게 하는 가장 핵심적인 감정 중의 하나다. 희망의 생리작용을 연구한 제롬 그루프먼 교수는 그의 저서 『희망의 힘』에서 '희망이란 마음의 눈으로 더 나은 미래를 향한 길을 볼 때 경험하는 상승 감정이다.'라고 하였다.

일을 하다 보면 왜곡된 희망을 발견하기도 한다. 전략과 아이디어의 부재 속에서 더 나은 실적을 희망하는 것이다. 전략이 없어도 제대로 실행하면 실적이 있을 수 있고, 전략이 있어도 제대로 실행하지 않으면 실적은 없다는 각오로 일처리를 한다면 그것은 희망이 아니라 행운을 기대하는 것이다. 희망의 유사품이다.

스스로가 희망의 근거가 되는 현실을 간과한다면 진정한 희망을 가질 수 없다. 균형 잡힌 현실에 뿌리를 둔 진정한 희망은 눈을 똑바로 뜨고 그 현실을 맞이할 수 있는 용기와 또한 그 현실을 뛰어넘는 능력을 준다.

희망이 없는 사람은 무기력하다. 평안을 누리지 못한다. 희망의 열매인 평안은 오늘을 회복하는 힘을 준다. 뿐만 아니라 내일을 위해 다시 일어서는 역동성을 제공한다. 무엇인가를 희망하고 확신한다는 것은 살아야 할 목적을 가졌다는 뜻이다. 살아야 할 목적은 아무리 어려운 환경도 헤쳐 나갈 수 있도록 한다.

희망은 평이한 현실보다는 문제로 넘쳐나는 어려움 속에서 확인된다. 누가 보아도 희망적인 상황에 절망하는 사람이 있고, 누가 보기에도 절망할 수밖에 없는 상황에서 희망을 말하는 사람이 있다. 희망을 말하는 사람은 평안을 열매로 얻게 되고 기적을 이루는 사람이 된다.

희망은 희망을 소유한 사람의 것이다. 희망을 믿는 사람들에게 희망은 있고, 희망을 믿지 않는 사람들에게 희망은 없다. 그래서 희망은 희망을 믿는 사람에게 위대한 선물이다. 오스티엄은, 균형 잡힌 현실에 뿌리를 둔 희망으로 가득 찬 인재들의 모임이다.

\ Insight from daily twitting

사람들은 말합니다. '운도 실력이다.' 그 말이 맞는다면, 운은 세상에서 가장 강력하고 무서운 실력입니다. '다 좋았는데 운이 나빴다.'도 실력이고, '한 것도 없는데 운이 좋았다.'도 실력입니다.

'운'이라는 것이 아무에게나 따른다고 생각하면 오해입니다. 잘하고 싶은 열망, 멈추지 않는 변화와 새로운 시도, 쉼 없는 열정이 있는 사람들을 '운'도 따라갑니다. 그래서 그런 사람들을 향해 '운도 실력이다.'라고 말한다면, 그럴 자격이 있는 사람에게 하는 칭찬이라 할 수 있을 것입니다.

한편, '다 좋았는데 운이 나빴다.'고 한다면, 과연 그럴까요? 아마도 '운'이 나빴다고 하기 전에 충분한 노력이 부족했거나, 실력이 모자랐거나 했을 가능성이 더 커 보입니다. 즉 그럴 만해서 그런 것이란 거죠. '한 것도 없는데 운이 좋았다.' 그럴 수 있다고 봅니다. 그러나 그것을 두 번 기대해서는 안 될 일입니다.

눈에 넣어도
아프지 않은 사람

좋은 사람을 만나는 것은 신이 주신 축복이다. 그 사람과의 관계를 지속시키지 않으면 축복을 저버리는 것과 같다.
- 데이비드 페커드(David Packard, 휴렛 패커드 창업자)

나는 행복한 CEO다. 내가 행복한 CEO라고 말할 수 있는 이유 중 하나는, 나에게 눈에 넣어도 아프지 않은 사람들과 함께 일하는 기쁨이 있기 때문이다. 나는 눈에 넣어도 아프지 않은 사람들로부터 각별한 느낌을 전해 받는다. 그것은 마치 부모와 자식 간의 사랑과 신뢰 같은 것이기도 하고 연인 간의 각별한 애정 같기도 하며 마음을 나누는 친구와의 진한 우정 같은 것이기도 하다.

나는 그들과 함께 눈만 뜨면 달려가고 싶은 천국 같은 일터를 만들자고 약속했다. 개인과 공동체가 모두 요셉처럼 꿈을 이루는 비전 센터를 이루자고도 했다. 그리고 세상 한가운데로 들어가 빛과 소금 같은 멋진 서비스 벤처 주식회사를 완성시키자고 약속했다. 생각과 비전이 다른 사람들이 만나 그런 관계로 발전했으니 어찌 행복한 CEO라고 말하지 않을 수 있겠는가? 오스티엄에는 눈에 넣어도 아프지 않은 나열할 수 없는 인재들이 있다.

눈에 넣어도 아프지 않은 사람은 지적인 호기심으로 충만한 사람이다. 그들은 무엇인가 새로운 것을 접하면 눈이 반짝이기 시작한다. 그리고 탄성을 지르며 관심을 표현한다. 새로운 것을 보았을 때 그것이 무덤덤하게 느껴진다면 그 사람은 나이의 적고 많음을 떠나 늙은 사람이다. 새로운 것을 보고도 호기심이 발동되지 않는 사람이기 때문이다. 새로운 것을 향해 끊임없이 솟구치는 지적인 호기심은 젊음의 증거이기도 하다. 조금 알게 된 새로운 사실들을 더 많이 그리고 더 깊이 알기 원한다. 그들의 정보 창고인 북마크는 풍성할 수밖에 없다. 그런 지적인 호기심이 조직의 변화와 혁신을 완성시키는 결정적인 원동력이 되는 것이다.

비전으로 가슴을 설레는 사람이 눈에 넣어도 아프지 않은 사람이다. 많은 개인과 공동체가 비전에 대해 이야기하지만 정작 비전을 이루는 사람과 조직은 많지 않다. 켄 블랜차드는 '비전은 CEO보다도 더 높은 위치에서 조직원을 움직이는 힘의 원천'이라고 했다. 자신이 누구이고 어디로 가고 있으며 어떻게 이끌지를 알게 하는 것이 비전인 것이다.

열심히 공부하는 사람이 눈에 넣어도 아프지 않은 사람이다. 공부하는 사람은 준비하는 사람이다. 공부한 만큼만 보인다. 공부한 만큼만 이해할 수 있다. 공부한 만큼 준비된다. 후보자 명단만을 보고 우승할 선수를 가리기란 쉽지 않다. 결국 경기가 시작되었을 때 그들 중 가장 많이 땀 흘리고 훈련했던 준비된 선수가 승자가 될 것이다.

우리는 모두 경기를 앞둔 후보 선수이다. 언제 부름을 받게 될지 모른다. '자기의 전문 분야'를 공부하는 것은 당연하다. 동시에 '사람과 세상'에 대한 공부를 해야 한다. 예를 들면 커뮤니케이션, 리더십, 트렌드, 문화 같은 것들이다. '신앙'도 공부해야 한다.

생각하고 행동하는 사람이 눈에 넣어도 아프지 않은 사람이다. 행동하는 사람이 일을 낸다. 결과를 바꾸고 싶다면 원인을 바꾸어야 한다. 생각을 하면 원인을 찾을 수 있다. 그러나 행동하지 않으면 원인을 찾고서도 똑같은 결과를 맞는다.

행동이 결과라면 생각은 원인이다. '원인과 결과의 법칙'은 세상을 지배하는 정직한 법칙이다. 생각을 바꾸지 않고 행하는 행동은 지속될 수 없다. 생각이 멈춘 사람은 필요를 채우지 못한다. 생각하는 능력이 필요를 채운다.

> ## 감동하는 사람이 감동시킨다
>
> 사람들을 감동시키기 전에 자신이 먼저 감동에 빠져들어야 한다.
> 사람들에게 눈물을 흘리게 하기 전에 여러분이 먼저 흘려야 한다.
> 사람들을 믿게 하기 전에 자신이 먼저 믿어야 한다.
> - 윈스턴 처칠(Winston Churchill, 영국 정치가)

작은 일에도 감동을 잘하는 사람과 함께 일하는 것은 매우 기분 좋은 일이다. 그들은 작은 칭찬에도 큰 감동을 하는 사람들이다. 감성이 풍부함과 동시에 상대방에 대한 배려를 몸으로 터득한 사람들이다. 그들은 감동을 잘할 뿐만 아니라 늘 희망적이고 긍정적인 태도를 가지고 있다. 그들을 바라보면서 내일을 발견하는 일은 그래서 기분 좋을 수밖에 없는 것이다. 그들을 감동형 인재라고 부른다.

감동형 인재가 필요한 시대가 왔다. 감동을 잘하는 인재가 필요한 것은 그들이 고객을 감동시키기 때문이다. 좀 더 즐겁고 신나게 일할 수 있는 일터를 꿈꾸는 사람들에게, 『펄떡이는 물고기처럼』의 저자들은 에너지와 창의력과 열정의 자원들을 '파이크 프레이스 어시장'에서 찾아내어 소개하기도 하였다. 상사나 부하와 같은 내부 고객을 감동시키며 나아가 고객을 감동시키는 감동형 인재의 조건이자 오스티엄 인재상인 '펄떡이는 물고기 F.I.S.H'를 정의해 본다.

첫 번째 F는 역동성 FIGHTING 이다. 늘 생기발랄함을 유지하는 능력이다. 삶을 아름답게 하는 매력, 능력, 박력을 고루 갖춘 감동형 인재이다. 생동감이 넘치는 사람은 주변을 밝히는 등불 같은 역할을 한다. 신나는 일터를 만드는 사람들이다. 절망할 수밖에 없는 상황에서도 기대와 희망을 갖는다. 감동형 인재의 첫 번째 조건이다.

두 번째 I는 주도성 INITIATIVE 이다. 환경에 이끌리지 않고 주도하여 계획하고 실천하는 능력이다. 큰 성공은 하늘에서 오나 작은 성공은 노력에 달렸다고 하지 않는가. 목표를 세우면 끝까지 포기하지 않는 사람이다. 불운은 뜻밖에 찾아오지만 행운은 준비하고 있는 주도적인 사람의 몫이라고 믿는 사람들이다. 어려운 수학 문제를 풀다가 못 풀면 포기하고 그냥 자는 사람이 아니다. 오히려 못 다 한 문제를 풀고자 하는 열망에 잠을 자면서도 뇌는 그 문제를 풀어내어 아침에 정답을 찾아내고야 마는 그런 사람들이다. 주변 상황이 전혀 해결을 할 수 없는 상황임에도 불구하고 주도적으로 성전 건축을 기획하고 계획하는, 구약 성경에 등장하는 느헤미야와 같은 사람이다.

세 번째 S는 안정됨 STABLE으로 사전적 의미는 '견고한', '튼튼한', '불변의'이다. 시간 관리, 건강 관리, 관계 관리, 영성 관리, 즉 철저한 자기 관리를 할 수 없다면 그것을 유지할 수 없다. 한결같음을 유지하는 능력이야말로 감동형 인재의 조건이다. 날씨가 그의 컨디션에 영향을 줄 수 없다. 심한 상사의 구박이 그를 넘어뜨리지 못한다. 그는 견고하고 튼튼하여 뿌리를 깊이 박고 있는 오래된 나무와도 같다. 주변 사람들에게 언젠가는 반드시 잘될 거라는 믿음을 심어주는 감동형 인재의 조건이다.

마지막으로 H는 높은 가능성 HIGH POTENTIAL을 향해 도전하는 사람이다. 풍성하고 도전적인 미래를 위한 씨앗을 보유한 사람들이다. 도전하지 않으면 아무 일도 일어나지 않는다. 가진 은사가 다섯 달란트, 열 달란트로 누가 보아도 확실한 카리스마를 타고 난 사람이라면 필요없다. 그러나 대부분의 사람이 그렇듯 한 달란트의 은사, 그것은 자신조차 그 은사가 무엇인지 확신하지 못한다. 그럼에도 불구하고 그들은 감춰져 있는 무한한 가능성을 향한 도전을 멈추지 않는 사람들이다. 숨겨진 은사를 개발하기 위해 최선의 경주를 다하는 감동형 인재이다.

보랏빛 신입사원

어떤 일을 할 수 있냐고 누군가 묻는다면, "물론입니다."라고 자신 있게 대답하라. 그리고 그 일을 어떻게 해야 할지 열심히 찾아보아라.
- 테어도어 루스벨트(Theodore Roosvelt, 미국 대통령)

    기업의 인사 담당자들은 새내기 신입사원이 아무리 우수한 대학을 졸업하고 학업 성적이 탁월했다 하더라도 실무 투입을 위해 기초부터 다시 가르쳐야 하는 현실에 침통해한다. 그래서 기업은 수습이라는 기간을 두고 교육 훈련과 함께 다양한 가능성을 확인하는 시간을 갖는다. 그렇다고 교육 훈련을 마친 후 현장에 투입된 신입사원이 곧바로 일을 할 수 있는 것도 아니다.
    그런 이유로 신입사원들은 상당한 기간 동안 단순한 일상을 보내게 되는 경우가 많은데 신입사원의 초기 이직률이 그런 현실을 반영한다. 그러나 이 시기를 얼마나 충실하게 보내는가에 따라 직장 생활의 성공 여부가 결정된다고 해도 과언이 아니다. 그렇고 그런 평범한 신입사원들 사이에 '보랏빛 신입사원'이 나타나면 과연 어떨까.

보랏빛 신입사원은 누구보다 잘 웃고 인사와 대답을 잘하는 신입사원이다. 늘 쾌활하여 원기 왕성한 신입사원이다. 찡그린 표정보다 더 보기 안 좋은 표정은 무표정이라고 하는데, 보랏빛 신입사원은 언제 어느 방향에서 바라보아도 희망과 기대에 가득 찬 얼굴이다. 하루에 열 번을 만나면 열 번 다 웃으며 힘차게 인사를 한다. 누군가 부르면 '네.'라고 대답하는 것이 아니라 '네, 과장님.'이라고 호칭을 불러주는 붙임성 있는 신입사원이다.

보랏빛 신입사원은 누구보다 주변 정리와 청소를 잘하는 신입사원이다. 신입사원이 기업이 원하는 인재로 성장하여 자기 몫을 하기까지는 상당한 시간이 요구된다. 그 기간 중 선배들보다 훨씬 잘할 수 있는 일이 바로 청소이다. 한 명의 신입사원이 작심하고 스스로 구역을 나누어 정리하고 청소하기 시작하면 아무리 넓은 공간이라도 일주일이면 전체가 눈에 띄게 쾌적한 공간이 될 것이다. 복사기나 팩스 주변은 늘 어수선하다. 예쁜 종이박스를 구해

'이면지통, 신규 팩스통'이라 써붙이고 정리를 해보자. 커피나 녹차가 있는 탕비실의 정수기통이나 음료 재료 주변을 청소할 수도 있다. 이렇게 한 구역 한 구역 정리하고 청소해 나가면 아무리 넓은 공간이라도 일주일이면 족하다.

보랏빛 신입사원은 누구보다 일찍 출근하는 신입사원이다. 일찍 출근하는 습관은 정말 좋은 습관이다. 굳이 처리해야 할 회사일이 없더라도 아무도 출근하지 않은 사무실에서 나를 돌아보고 계획하고 준비하는 시간은 미래를 보장한다. 늘 누구보다 먼저 출근하고 이후 출근하는 선배에게 '선배님 좋은 아침입니다. 커피 한 잔 드릴까요?'라고 힘차게 말하는 보랏빛 신입사원을 상상해 보라.

보랏빛 신입사원은 누구보다 자세가 바른 신입사원이다. 허리를 곧게 하고 가슴을 쫙 펴고 고개를 들되 턱은 살짝 당긴 모습은 마치 전쟁에 임하기 전 사열대에 서 있는 늠름한 군인의 모습이다. 앉을 때는 의자 깊숙이 앉는다. 허리를 곧추세우고 자연스러운 팔자세를 유지하되 절대 턱을 괴지 않는다. 언제라도 중요한 프로젝트를 맡아 추진할 준비가 되었다는 무언의 신호를 보랏빛 신입사원은 온몸으로 발산하는 것이다.

보랏빛 신입사원은 누구보다 낭랑한 목소리를 소유한 신입사원이다. 목소리를 타고 난다고 생각하면 오해이다. 후천적으로 형성되는 대표적인 신체 기능이 목소리이다. 보랏빛 신입사원의 목소리는 자신감에 넘친다. 우선 평소에 듣기 힘든 하이톤이다. 잘 몰라도 상관없다. "선배님! 제가 잘 모릅니다. 가르쳐 주세요!", '많이 알면 신입사원이 아니잖아요.'는 생략되어 있지만 배우고자 하는 목소리를 통한 열정은 누구나 느낄 수 있다.

\ Insight from daily twitting

'하고 싶은 일을 하기 위해서, 하기 싫은 일을 해야 한다고 생각합니다.' 어느 날 신입사원 면접에서 나온 명언입니다. 맞습니다. 하고 싶은 일을 하기 위해 반드시 넘어야 할 산들이 있습니다.

자기가 하는 일을 좋아하고 사랑하고 즐기는 사람을 당할 재주는 없습니다. 물론 자기가 하는 일을 하찮게 여기고 좋아하지 않고 때우기 급급한 사람도 의외로 많습니다.

'보는 사람도 즐거운데, 하는 사람은 얼마나 더 즐겁겠어요?' 여자 축구 청소년대표팀 장슬기 양의 말입니다. 즐기는 사람 못 당합니다. 하는 사람, 보는 사람 모두를 행복하게 합니다. 하고 싶은 일을 잘하기까지 합니다. 그런데 그런 말을 하기까지의 과정은 결코 만만치 않았을 것입니다.

사회생활을 하다보면 '하기 싫은 일'이라는 것은 없습니다. '하기 싫은 일'이란 곧 '해야 할 일'이죠. 하고 싶은 일, 잘할 수 있는 일, 해야 할 일이 일치한다면 정말 행복한 겁니다.

> **핵심 인재**
>
> 탁월한 사람이라서 올바르게 행동하는 것이 아니라, 올바르게 행동하기 때문에 탁월한 사람이 되는 것이다. 자신의 모습은 습관이 된다.
> - 아리스토텔레스(Aristoteles, 철학자)

    핵심 인재는 어떤 일을 맡겨도 안심이 되는 사람이다. 조직의 미래를 위해 성장 엔진으로서의 신규 사업을 추진한다고 치자. 이때 이름이 거론되는 사람이 핵심 인재다. 물론 다양한 분야의 인재를 확보하고 있는 대기업이라면 좀 다를 수 있다. 그러나 중소기업이라면 그 신규 사업의 내용과 상관없이 거론되는 일부 인재들이 있다. 그들은 전공 분야와 무관하게 회사의 중요한 프로젝트 책임자 리스트에 오른다. 그들은 생각이 다르다. 주어진 업무에 불안해하며 쫓기는 사람이 아니라, 시간과 환경을 활용할 줄 알고, 주변의 사람들로부터 자연스럽게 도움을 이끌어내는 그런 사람이다.

핵심 인재가 가지는 공통적인 특징들은 쉽게 발견된다. 핵심 인재는 생각하는 기술이 있다. 생각의 깊이와 생각의 넓이가 그 기술을 대변한다. 생각의 깊이는 자기 전문 분야에 대한 해박한 지식이다. 또 그 지식을 얻는 기술을 포함한다. 자기 전문 분야의 최고가 되고자 하는 욕심을 가지고 있다. 그것은 다양한 모습으로 생활 습관에 나타난다. 생각의 넓이는 그들의 관심 분야이다. 전문 분야와 직간접적으로 연관된 분야에 대한 끊임없는 호기심이 그 생각의 넓이를 결정한다고 볼 수 있다. 그런 생각의 깊이와 넓이는 일어날 수 있는 혹은 일어날 수 없는 수많은 가능성을 예측할 수 있는 능력으로 발전된다.

핵심 인재가 가진 또 하나의 기술은 관리하는 기술이다. 조직 내에서 그들은 흔히 멀티플레이어라고 불린다. 사실 주어진 시간과 환경을 감안하면 할 수 있는 일이나 그 일의 내용은 제한될 수밖에 없다. 시간 부족, 지식 부족, 체력 부족, 관계 불안정, 심리적 불안 등은 관리하는 기술이 있어야 해결이 가능하다. 자기를 관리하는 기술이 탁월해야 한다는 것이다.

자기 관리의 핵심은 시간 관리이다. 누구에게나 주어진 동일한 시간을 효율적이고 효과적으로 관리해야 가능하다. 시간 관리의 시작은 관리되는 시간과 관리되지 않는 시간으로 구분하는 것이다.

실력을 관리하는 것은 책장을 관리하는 것에 비유할 수 있다. 책장에 분야별로 꽂히는 책의 권수만큼 지식은 늘어날 것이기 때문이다. 우선 방의 한 쪽 벽을 책장으로 가득 채우는 것부터 시작하자. 그리고 서점에 가는 습관과 서점에 가면 반드시 빈 손으로 나오지 않고, 두세 권의 책을 구입하는 습관을 들여야 한다.

사람들과의 관계 또한 관리해야 할 중요한 요소이다. 관계 관리는 기울기 시작한 막대기가 땅에 부딪히지 않도록 관리하는 것과 같다. 막 기울기 시작한 막대기라면 힘을 덜 들이고 제자리에 갖다 놓을 수 있지만, 땅에 닿을 정도로 기운 막대기를 제자리에 갖다 놓으려면 시간과 노력이 훨씬 많이 드는 원리이다. 관계도 이와 같다. 기울기 시작한 관계는 적은 노력으로 회복시킬 수 있지만 급격히 기운 관계를 회복시키기 위해서는 상당한 노력을 통해서도 어렵고 힘들다는 것이다. 핵심 인재는 관리 능력을 갖춘 인재이다.

핵심 인재는 실행력을 갖추고 있다. 실행력이란 결심하는 능력이 아니라 실천하는 능력이다. 실행력은 성과를 향한 강한 의지에서 나온다. 실천이 없으면 결국 아무것도 이룰 수 없다는 긴장에서 나온다. 실행력은 결과를 이끌어 내는 유일한 힘이다. 실행의 기술은 리더십을 동반한다. 마치 청중이 원하는 아름다운 연주가 무엇인지를 이해하고 있는 오케스트라의 지휘자와 같다. 핵심 인재는 일이 되도록 하는 실행력을 갖춘 인재이다.

Insight from daily twitting

일 잘하는 사람을 보면, 목표와 수단을 정확히 이해합니다. 반대를 보면, 수단을 목표로 이해해 정작 정한 목표에 이르지 못합니다.

즉, PDC(Plan-Do-Check) 패턴이 몸에 익은 사람이 일을 잘합니다. 목표를 정확히 인식하고, 목표를 이루기 위한 정교한 계획 Plan, 차질 없는 실행 Do, 그리고 철저한 확인 Check이 물 흐르듯 진행됩니다. 차질 없는 실행 그 자체가 목적이 아니기에 그 실행을 통한 결과가 목표에 부합하는지 부단히 확인합니다.

일 잘하는 사람은 만나야 할 사람과 알아보아야 할 것들의 순서가 질서 정연합니다. 아닌 경우, 만나야 할 사람들의 순서가 뒤바뀌거나 조사해야 할 것들을 미처 놓치기 일쑤입니다. 일 잘하는 사람은 스마트한 일을 하는 것보다 스마트하게 일하는 것을 중요하게 여깁니다. 그래서 일 못하는 사람이 스마트하지 않은 일을 스마트하지 않게 처리해 엎질러진 일조차도 스마트하게 풀어냅니다.

세계 최고의 비밀

위험을 감수하고 멀리 가보는 자만이 자신이 얼마나 멀리 갈 수 있는지를 알 수 있다.
- T. S. 엘리엇(Thomas Stearns Eliot, 영국 시인)

세계 4대 뮤지컬 중의 하나인 '미스 사이공'이 국내 초연을 한 바 있다. 뮤지컬 '미스 사이공'은 1989년 9월에 런던에서의 초연 이후 1999년 10월까지 4,200여 회의 공연이 있었고 그 후로도 23개국 240여 도시를 순회하며 11개국의 언어로 공연이 계속되고 있다. '캣츠', '레미제라블', '오페라의 유령'에 이어 가장 한국적인 정서에 가깝다고 평가되는 '미스 사이공'의 국내 공연을 두고 언론의 관심이 집중되었다. 세계 최고의 수준을 확인할 수 있는 기회임에 틀림이 없었다.

세계 최고의 공연이라고 평가할 만한 것 중에는 미국 로스앤젤레스 근교에 있는 유니버설 스튜디오의 '워터월드Water World', 라스베이거스에 위치한 벨라지오 호텔의 '오 쇼O-Show' 같은 것들도 있다.

뮤지컬 '미스 사이공'의 라스트신인 헬리콥터 탈출 장면은 보는 이의 감탄을 자아내기에 충분하다. 한국 공연에서는 그 장관을 슬라이드로 표현해 아쉽기도 했다. 무대의 어디에 숨겨 두었는지 모를 만한 거대한 실물 크기의 헬리콥터가 무대 위에 등장하는 순간 관객의 감동은 절정에 다다르게 된다.

영화 '워터 월드'를 야외 세트로 만들어 재연출한 유니버설 스튜디오의 '워터 월드'의 라스트신에도 집채만 한 비행기가 등장한다. 갑자기 나타난 비행기는 야외 세트의 뒤편에서 날아와 관객의 앞으로 돌진하다가 물속에 곤두박질치며 커다란 물보라를 관객 속에 쏟아붓는다. 눈앞에 펼쳐지는 실제 상황은 입을 다물 수 없게 만드는 세계 최고의 이벤트이다.

라스베이거스 벨라지오 호텔의 '오 쇼' 또한 세계 최고를 실감케 한다. '오 쇼'는 실내 공연장 무대 위의 커다란 욕조를 중심에 두고 펼쳐진다. 줄에 매달리거나 텀블링 판을 이용해 배우들이 마치 새처럼 날아다니는가 싶더니 어느새 물속으로 다이빙하여 물고기가 된다. 물속에서의 공연은 인간이 마치 물고기가 된 듯한 착각을 일으킬 정도로 완벽하다. 서커스와 아크로바틱 그리고 싱크로 나이즈를 적절하게 조합하여 만들어 내는 무언극 퍼포먼스는 인간에게 한계가 있는가를 의심케 하는 세계 최고 수준의 공연이다.

이와 같은 세계 최고의 공연을 보면 세계 최고의 비밀의 공식을 찾을 수 있다.

첫째, 세계 최고의 비밀은 돈 이상의 가치를 제공한다는 것이다. 뮤지컬 '미스 사이공'은 세계 최고의 가슴을 울리는 감동을 제공한다. 공연이 끝나고 어두운 객석의 구석구석에서 덩치 큰 서양인들이 고개를 푹 숙이고 눈물을 훔치는 장면을 쉽게 발견한다. 유니버설 스튜디오의 '워터 월드'는 스릴과 긴장을 자아내는 세계 최고의 재미를 선사한다. 그리고 라스베이거스의 '오 쇼'는 인간의 육체적인 한계를 뛰어 넘는 세계 최고의 경이로움을 보여준다. 사람들은 세계 최고를 경험하기 위해 비싼 공연료를 지불한다.

둘째, 세계 최고의 비밀은 기대 이상의 상상력을 표현해 낸다는 것이다. 사람들은 보지 못하면 믿지 못한다. 경험한 것 이상의 생각을 하지 못하는 것이다. 성경에 보지 않고 믿는 것이 복되다고 한 것도 그런 이유일 것이다. 세계 최고는 경험하지 못한 세계를 상상력을 동원하여 보여준다. 그야말로 상상하면 이루어진다는 것을 보여주는 것이다. 세계 최고의 비밀은 바로 평범한 기대를 초월하는 상상력을 제공하는 것이다.

셋째, 세계 최고의 비밀은 차별화를 뛰어 넘는 탁월함을 보여주는 데 있다. 뮤지컬의 경우 원작의 완성도와 더불어 중요한 것은 그것을 소화하여 표현해 내는 배우와 스태프들의 열정이다. 세계 최고는 차별화를 뛰어넘는 탁월함, 또는 탁월함을 극복하는 차별화를 갖추고 있는 것이다. 그것은 탁월함 뒤에 숨겨진 끊임없는 노력과 훈련 그리고 열정이 있기에 가능한 것이다. 세계 최고의 비밀은 차별화와 탁월함을 동시에 이룬 결과이다.

　넷째, 세계 최고는 한계를 향한 도전정신의 실현이다. 육체의 한계를 극복하고 기술의 한계를 극복한 결과가 세계 최고가 받게 되는 찬사이다. 철저한 사전 기획을 하고, 그 기획을 현실감 있게 그려낸다. 한계를 뛰어넘는 도전정신이 없으면 그것은 불가능할 것이다. 안 될 수밖에 없는 수많은 이유를 뒤로 하고 될 수 있는 방법을 찾는 창조적 도전정신이 세계 최고를 통해 배우는 마지막 비밀이다.

행복한 고민

목표를 달성한 대다수의 사람들은 "내가 어떻게 성공했는가?"라고 말하지 않는다. "드디어 해냈다!"고 탄성을 지른다.
- 헨리 포드(Henry Ford, 포드 자동차 창업자)

현대를 사는 사람이 일로부터 자유로울 수는 없다. 눈을 뜨고 있는 대부분의 시간을 일을 하며 지낸다. 일을 하면서 지내는 대부분의 시간이 행복한 고민의 연속이라면 얼마나 좋을까? 날마다 행복한 고민. 그러기 위해서 일과 나와의 관계 설정이 중요하다.

우리는 주변에서 일과 나의 관계가 어그러진 모습을 흔히 발견한다. 부러워할 만한 선망의 대기업에 다니면서도 '내가 쥐꼬리만 한 월급 때문에 이렇게 살아야 하나?'라고 말하는 사람들이 있다.

토요일 퇴근 시간이 되면 가방을 흔들며 기뻐하지만 월요일 출근 시간에는 천근만근의 중압감을 느끼는 사람들도 있다. 마지못해 다니는 듯한 모습으로 회사에 다니지만 기회만 있으면 당장 그만둘 기세로 살아가는 사람들이 있다. 그들에게 일은 행복한 고민이 아니라 더할 수 없는 저주이다. 그러나 일은 축복이어야 한다. 그리고 일은 행복한 고민이어야 한다.

일이 축복이자 행복한 고민인 이유가 있다.

첫째는 세상이 완벽하지 않기 때문이다. 세상은 각종 문제로 가득 차 있다. 그 문제투성이 가운데 내가 있고 그 문제를 해결해 나가는 과정이 바로 일인 것이다. 만일 흠 없이 완전무결한 세상이 있다면 거기가 바로 천국이다. 내가 서 있는 주변을 둘러보자. 사람들과의 관계는 온전한가? 온전하지 않다면 원인은 무엇인가? 내가 다니는 회사의 시스템은 완벽한가? 그렇지 않다면 원인은 무엇인가? 내가 만들어내는 상품이나 서비스는 어떠한가? 결과가 불만족스럽다면 무엇 때문일까? 그런 완전하지 않은 것들을 완전하게 만들어가는 과정이 바로 일인 것이다.

둘째는 선택의 책임이 나에게 있기 때문이다. 선택을 강요받아 본 적이 있는가? 죽기보다 하기 싫은 것을 내 의지가 아닌 그 무엇인가에 의해 결정되어야 하는 것을 경험한 적이 있는가? 내가 무엇인가를 나의 의지로 선택할 수 있고 그것에 대해 책임을 지는 것은 그렇지 않은 경우보다 훨씬 행복한 일이다.

그런데 완벽한 선택, 즉 완전한 의사결정은 없다. 얻는 것이 있으면 분명 잃는 것이 있고, 한편 잃는 것이 있으면 동시에 얻는 것도 있다. 그 선택의 잘잘못을 결정짓는 것은 시간이라는 변수이다. 좋은 선택이었지만 시간이 지날수록 얻는 것보다 잃는 것이 많을 수 있다. 잘못된 선택이다. 불가피한 선택이었지만 시간이 지날수록 잃는 것보다 얻는 것이 많을 수 있다. 잘된 선택이다. 일이라는 것은 연속된 선택이다. 좋은 선택과 나쁜 선택의 게임을 적극적으로 즐길 수 있다면 그 사람은 날마다 행복한 고민에 빠지는 사람이 될 수 있을 것이다.

마지막으로 일이 행복한 고민인 이유는 일을 통해 누군가를 행복하게 할 수 있기 때문이다. 사랑하는 사람을 위하여 깜짝 놀랄 만한 것을 준비하는 과정은 그 자체가 행복한 고민이다. 내가 하는 일을 통해 누군가가 행복해할 것을 기대하는 것은 행복한 고민의 출발점이다.

끊임없는 시간 동안 언덕을 향해 돌을 굴려 올리고, 이내 떨어뜨린다. 집을 짓는 현장에서 무상하게 벽돌을 어깨에 메고 쉴어 오른다. 일이 시지프스의 신화에 나오는 형벌이 되어서는 안 된다. 내가 하는 일을 통해 행복해할 누군가를 바라볼 수 있는 사람이야말로 날마다 행복한 고민을 체험하게 될 사람인 것이다. 일은 사람을 행복하게 할 수 있는 축복의 통로이다.

\ Insight from daily twitting

무슨 일이나 고비가 있습니다. 잘못되고 한참 지난 후에야 그 고비만 넘겼으면 하는 후회들을 하곤 합니다. 그런 의미에서 고비는 목적지 도착을 알리는 신호가 되기도 합니다.

그 어렵고 힘든 고비를 넘어서 바라던 목표를 이루면, 당연히 행복하겠죠. 그러므로 목표를 이루기까지 기나긴 과정의 고통과 매순간의 고비를 참고 넘어야만 한다고요? 큰 고비에 넘어지기도 하지만, 반복되는 작은 고비를 견디지 못하기도 합니다. 매일매일의 작은 고비를 넘어 목표를 이루지 않고 큰 목표를 이룰 수 있다는 기대는 버려야 합니다.

존 맥스웰은 '성공은 목적지가 아니라 과정이다.'라고 했습니다. 오늘 작은 고비를 넘는 과정 자체가 성공이라는 것입니다. 그리고 행복입니다. 그렇듯 하루하루의 작은 성공이 모여 결국 기대 이상의 엄청난 목표를 이루게 되는 것입니다. 목표를 이루는 그날까지 매일매일 행복할 수 있습니다.

> **실행력**
>
> 성공률을 높이려거든 실패율을 배가 하라.
> - 토마스 왓슨(Thomas Watson, IBM 창업자)

크리에이티브 피플이 갖추어야 할 최후의 경쟁력은 실행력이다. 실행력이란 실천의 경쟁력이다. 가슴 뛰는 비전과 전략이 있어도 경쟁에 뒤처진다면 그 이유가 바로 실행력의 부재이다. 실행력의 부재는 가슴 뛰는 비전을 구호에 머물게 한다. 실행력의 부재는 전략에만 집중한 나머지 현장을 반영하지 못하는 데서 비롯된다. 실행력을 갖춘 인재와 그들이 만드는 조직 문화 그 자체가 경쟁력이다.

기획이 쉽게 승인되는 조직은 실행력을 갖추기 힘들다. 어떤 일이 실행되기 위해서는 분명 쉽지 않은 기획의 과정이 있다. 충분한 설명과 분명한 해답을 얻기 위해 조직은 집요하게 파고든다. 그런 과정을 통해 조직은 실행력을 훈련하게 된다.

실행력을 갖춘 크리에이티브 피플은 비전과 현실의 차이를 메우기 위해 무엇을 해야 할지 안다. 비전이 크면 클수록 현실과의 간격은 클 수밖에 없다. 실행력을 갖춘 크리에이티브 피플은 비전을 위해 오늘 한 가지 새로운 실천을 하는 사람이다. 오늘 심은 작은 씨앗은 결국 비전이 현실이 되게 하는 계기가 될 것이다.

예식장 여러 곳을 운영하고 있는 한 사장이 있다. 그런데 그분의 전직은 예식도우미였다. 신부의 결혼식을 돕고 일당을 받는 것이 그분의 현실이었고, 예식장 사장이 비전이었다. '내가 예식장을 운영한다면 이렇게 할 텐데, 이 예식장은 이게 좋고 저게 나쁘고….'

그 예식도우미의 비밀 노트는 예식장 운영을 위한 체크리스트로 가득 채워져 갔다. 그러던 어느 날 시내 모처에 있던 건물을 장기 임대한다는 소식을 접했다. 그 건물을 파격적인 조건으로 임대할 수 있었고, 현재는 예식장 여러 곳을 경영하는 훌륭한 경영자가 되었다. 비전을 이야기하는 사람은 많지만 비전을 이루는 사람은 소수이다. 가장 큰 이유가 알고 행함의 차이인 것이다.

실행력은 '제대로 된 일을 하는 것'과 '일을 제대로 하는 것'의 감각적인 균형이다. 실행력은 '일이 되게 하는 것'과 '되는 일을 하는 것'의 절묘한 교차 실행을 통해 표현된다. 이 미묘한 차이가 실행력을 갖춘 크리에이티브 피플의 액션 노하우인 것이다.

예를 들어, 월간 목표 달성을 생각해 보자. 영업일 3일이 지났다 치자. 그런데 영업률을 계산해 보니 목표가 미진하다면 어떻게 할 것인가? 실행력이 있는 크리에이티브 피플은 일이 제대로 되고 있지 않음을 감지한다. '제대로 된 일을 하는 것이 의미 없음'을 깨닫는 순간이다.

곧, 되는 일을 하는 모드를 일이 되게 하기 위한 새로운 모드로 바꾼다. 혁신이라고 볼 수도 있다. 때론 혁신의 정도가 조직이 받아들이기 힘들 수도 있다. 그러나 그런 반복적인 혁신적 액션을 통해 영업률은 회복되고 '일을 제대로 하는 것'이 필요한 상황이 되는 것이다. 실행력은 크리에이티브 피플이 소유한 예술과 같은 능력이다.

크리에이티브 피플은 실행력이 행사되는 과정에 나타나는 의사소통 방법을 중시한다. 제대로 된 의사소통이 없이 '결과를 끌어내는 것'은 불가능한 것이다. 아이디어에서 비롯된 사안을 구체화시키는 기획 작업, 그것에 의미와 가치를 불어넣는 열정, 전략을 세우고 그 옵션을 선택하는 결정 등 수많은 요소가 의사소통을 통해 정리되며 실행력을 갖추는 것이다.

이때 조직과 개인의 역량에 비해 감당하기 어려운 과제조차도 가능케 하는 실행력이 발휘된다. 무지 혹은 잘못된 정보는 조직의 불안감을 가져온다. 훌륭한 커뮤니케이션은 공감대를 형성한다.

왜곡된 의사소통이 만연한 가운데 실행력이 나타나기는 불가능한 것이다.

매끄러운 의사소통 방법을 가지고 있는 크리에이티브 피플은 다분히 관계지향적이다. 관계를 쌓는 데 시간이 많이 걸리지만 관계를 깨는 데는 시간이 얼마 들지 않는다는 것을 잘 안다. 실행력이 온전히 발휘되기 위한 에너지가 거기서 나오는 것이다. 실행력은 타인과의 협력을 통해 성과를 도출하는 기술이다.

날이 선 검과 같은 실행력을 갖춘 크리에이티브 피플은 조직의 실행 파일이다. 실행 파일이 없는 프로그램을 운영할 방법은 없다. 그들이 있기에 조직은 지속적인 발전을 할 수 있다. 그들은 조직의 희망이고 미래이다.

\ Insight from daily twitting

어설픈 아마추어는 '하면 된다.' 하고, 어설픈 프로는 '되면 하라.'고 합니다. 진정한 아마추어는 '돼야 한다.'고 하고, 진정한 프로는 '하면 되게 하라.'고 합니다.

무엇이든 '하면 된다.'고 믿는 것처럼 무모한 일은 없습니다. 1960년대식 밀어붙이기로 할 수 있는 일이 점점 줄어듭니다. 오히려 '하면 안 되는 일'이 훨씬 많습니다. 복잡다단한 시장 상황이 그렇게 녹록하지 않다는 것이죠. 그래서 '하면 된다.'고 믿는 어설픈 아마추어의 자리는 좁을 수밖에 없습니다.

한편, '되면 한다.'는 기회주의적인 생각을 하는 프로도 의외로 많습니다. 그들이 이루는 일은 평범하고 제한적입니다. '돼야 한다.'고 생각하는 수신한 아마추어는 '돼야 할' 목표까지 가지도 못하고 중도에 포기하기 일쑤입니다. 결국 '될 만한 일'이건, '되기 어려운 일'이건 일단 시작한 일은 끝까지 결론을 낼 줄 아는 사람, 즉 '하면 되게 하라.'는 진정한 프로가 가장 아름답습니다.

"세상에서 가장 행복한 꿈을 꾼다."

CHAPTER
4

크리에이티브 리더십

신뢰와 영향력

항상 옳은 일을 하라.
그러면 몇몇 사람은 기뻐하고,
나머지는 모두 깜짝 놀랄 것이다.
- 마크 트웨인(Mark Twain, 미국 소설가)

    리더십이란 리더의 진정한 리더됨을 위한 리더로서의 자질이다. 리더가 리더십을 갖추고 조직의 신뢰를 얻을 수 있어야 비로소 진정한 영향력을 발휘하게 된다. 조직에서 직책이 부여될 때, 50%는 조직의 권위에 의해 리더십이 부여된다. 그러나 리더십의 완성은 스스로가 나머지 50%를 획득할 때 가능하게 된다.
    이런 질문을 할 수 있다. '나의 리더는 신뢰할 만한 리더인가?' 그런데 '신뢰할 만한가?'의 기준이 무엇인가? 그 판단의 기준은 나의 생각, 나의 가치관이다. 그렇다면 '나는 신뢰할 만한가?'라는 질문에도 대답해야 한다. 유행가 가사로 된 정답이 있다. '내가 나를 모르는데, 남이 나를 알겠는가?' 세상에 '신뢰할 만하다'에 거리낌 없이 '그렇다'고 할 수 있는 사람은 존재하지 않는다. 성경에 '세상에 의인은 하나도 없다.'라고 했다. 그러므로 신뢰할 만해서 신뢰하는 것이 아니라, 신뢰하는 것이 낫기 때문에 신뢰하는 것이라 생각해야 한다.

리더가 조직의 신뢰를 받는 가장 쉽고 간단한 방법은, 리더가 먼저 신뢰하는 것이다. 앞서 말했듯 신뢰할 만해서 신뢰하는 것이 아니다. 신뢰하는 것이 신뢰하지 않는 것보다 낫기 때문이다. 그리고 신뢰를 다양한 방법으로 표현해야 한다. 조직도 인격이 있으므로 그 신뢰를 느끼게 될 것이고, 리더는 신뢰받는 리더가 될 수 있다.

신뢰는 영향력이다. 권위에 순종하는 것은 약한 영향력이다. 신뢰를 바탕으로 한 영향력이 진정한 영향력이다. 약한 영향력은 손과 발을 움직이게 하지만, 진정한 영향력은 머리와 가슴을 움직이게 한다. 될 일도 안 되게 하고, 안 될 일도 되게 하는 게 신뢰이고, 그것이 영향력이다. 누가 하면 되고, 누가하면 안 되기도 하는데, 신뢰의 문제이고 영향력의 문제이다. 어려운 일을 쉽게 하고, 쉬운 일을 어렵게 하는 것도 다 마찬가지다.

신뢰의 언어는 긍정과 희망의 언어이다. '기대됩니다', '당연하지요', '역시 다르네요', '대단합니다', '잘될 겁니다', '확실하군요' 같은 것들이다. 그중 가장 화끈한 긍정과 희망의 언어는 '당신을 믿습니다', '당신을 신뢰합니다'와 같은 말이다. 그보다 정확하고 명료한 표현이 또 있겠는가? 개인과 개인, 부서와 부서의 이기주의는 이런 긍정과 신뢰의 언어를 통해 사라진다.

신뢰는 보이지 않는 자산이다. 자산이므로 관리되어야 한다. 특히 개인 간의 관계로써의 신뢰 못지않게, 시장에서의 신뢰라는 것이 중요하다. 평판 관리가 필요하다. 시장에서의 평판은 그 회사의 의사 결정 기준을 반영하고, 정책을 반영하며, 문화를 나타냄과 동시에 이미지로 형상화된다. 사소한 문제와 관련된 규칙부터, 중대한 의사 결정까지 전반에 걸쳐 시장으로부터 평가받게 되고, 좋은 평가가 누적되어 신뢰할 수 있는 회사라는 평가를 받게 되는 것이다. 신뢰를 쌓기까지 많은 시간이 걸리지만, 그 신뢰가 무너지는 것은 한순간이다. 보이지 않는 자산인 신뢰를 잘 관리해야 하는 이유이기도 하다.

내가 생각하는 나와 남이 생각하는 나의 차이, 우리가 생각하는 우리 회사와 시장이 생각하는 우리 회사의 차이가 신뢰도의 기준이며, 나아가 영향력의 기준이 된다.

...련 학교

...을 대할 때 이미 그들이 유능한 사람이 된
...럼 대하고, 그들이 더욱 유능한 사람들이 될
...있도록 도와주라.
요한 볼프강 폰 괴테(Johann Wolfgang von
Goethe, 독일 철학자)

사장처럼 일하면 사장이 된다는 생각을 전하고자 만든 이야기 하나.

어느 가게에 한 남자가 아르바이터로 취직했다. 누구보다 일찍 출근하여 문을 열고 누구보다 늦게 퇴근할 정도로 남다른 열심을 보이는 아르바이터였다. 그를 눈여겨 본 사장은 그에게 가게 문을 여는 열쇠를 맡겼다. 역시나 더욱 열심히 가게 일을 하던 그에게 사장은 창고 열쇠를, 그 다음 금고 열쇠를 맡겼다. 어느 날 사장은 름다운 여인을 데려와 그에게 맡기며 '내 딸을 맡아 달라'고 했다

사장은 회사의 마스터키를 가진 사람이다. 사장은 여러 종류의 키를 시의 적절하게 맡긴다. 위임이다. 어떤 사람은 키의 개수를 늘려 나간다. 책임과 권한이 확대되는 것이다. 어떤 사람은 맡겼던 키 마저도 다시 되돌려 줘야 하는 상황이 되기도 한다. 사장 훈련은 이렇게 이루어진다.

실장 시절, 협력업체 사장으로부터 "네가 사장이냐? 그 정도만 해라."라는 말을 들었던 적이 있다. 납품가 인하 문제였다. 누가 지시한 것이 아니었지만, 그 정도 요청할 수 있다는 확신을 가지고 협상을 벌이던 터였다. "물론 제가 사장은 아니죠. 그러나 내가 사장이라도 이렇게 할 겁니다."라고 설득하여 납품가 인하를 얻어냈다.

어떤 사람은 사장처럼 일하면 안 된다고 농담 삼아 말한다. 사장이 실무를 잘 하지 못할 뿐만 아니라, 열심히도 하지 않기 때문이라는 것이다. 몰라서 하는 말이다. 사장은 누군가 할 수 있는 일을 하는 사람이 아니라, 누구도 할 수 없는 일을 하는 사람이다.

일이란 것이 대부분 프로세스로 연결되어 있다. 기획하고 실행하고 확인하여 피드백하는 순서로 진행된다. 그 과정 중 신입사원이건, 책임자건, 사장이건, 심지어 아르바이터건, 누군가 한 사람만 정확히 체크할 수 있다면 일이 그릇될 일은 별로 없다. 물론 모

두가 사장처럼 책임감을 가지고 업무에 임한다면 더할 나위 없겠지만.

'사장처럼 하기'가 사장 훈련학교 프로그램의 핵심이다. 사장처럼 하기란, '내가 회사의 얼굴이다'라는 자세를 말한다. 회사의 얼굴이기에 말, 표정, 태도, 행동을 책임껏 하는 것이다. 그리고 '내가 마지막이다'라는 각오이다. 업무 진행 중 '내가 잘못되면 끝이다'라는 긴장된 각오는 업무의 완성도를 한껏 높여 준다. '나라도 해야 한다'는 적극성도 있다. 회사에는 하기 싫지만 누군가는 반드시 해야 할 일이 있다. 누구도 티가 나지 않는 일을 자청하여 하기란 쉽지 않다. 그럴 때 사장은 '내가라도 한다'고 생각할 것이다.

사장의 역할 중 높은 성 위에 올라가 외부의 환경을 살피는 일이 있다. 시장 환경을 정확히 파악하고 이해하고 대비하는 일이다. 꾸준히 시장의 변화를 읽고 있어야, 좋은 기획을 알아차리고 컨펌할 수 있다. 시장 조사를 하는 행위가 라이프스타일 그 자체가 되어야 가능하다.

오스티엄은 신입사원 교육의 핵심을 시장 조사로 둘 정도로, 시장 조사의 중요성을 강조한다. 신입사원 시절부터 몸에 익힐 수 있도록 강하게 훈련한다. 시장 조사의 생활화를 실천하는 것은 사장 훈련의 기초에 해당한다.

그 다음, 사장은 높은 성에서 내려와 성의 주변을 살피는 일을 한다. 무너진 성곽은 없는지 살피는 것이다. 시설 관리 상태, 정리

정돈 및 청소 상태 등을 살핀다. 오프라인 매장이 항상 베스트 컨디션을 유지하도록 하는 일이다. '깨진 유리창'이 없는 관리는 기본을 익히는 사장 훈련을 통해 시작된다.

  높은 성에 올라가 외부를 살피고, 내려와 성곽을 살핀 사장은 이제 성 내부로 들어간다. 사람과 사람, 부서와 부서의 관계를 살피는 것이다. 직무의 효율성, 프로세스 개선, 커뮤니케이션 등을 확인한다. 회복이 필요한 부분은 없는지, 동기부여 해야 할 사람은 없는지, 조정 및 조율해야 할 일은 없는지를 끊임없이 살핀다. 시시때때로 시스템 개선, 커뮤니케이션 활성화를 위한 워크숍 같은 것을 기획하고 진행하는 것은 사장 훈련 학교 프로그램의 중요한 과정이다.

\ Insight from daily twitting

인생에 기회가 세 번 온다? 아닙니다. 기회는 24시간 365일 상존합니다. 주변에서 일어나는 크고 작은 변화 속에 기회가 있습니다.

'남자는 태어나서 세 번 운다.', '전쟁터에 나갈 때는 한 번 기도하고, 바다에 갈 때는 두 번 기도하고, 결혼할 때는 세 번 기도하라.' 그럴듯하지만 '인생에 기회가 세 번 온다.'는 생각은 위험한 발상입니다. '한 방'을 노리는 시대를 반영한 것이기도 하고요.

단, 기회가 변화를 동반한다는 사실은 확실합니다. 그러므로 어떤 변화도 기회인지 살펴봐야 합니다. 특히 위기가 오면 의기소침해지는 사람이 있는데, 위기는 위험과 기회라는 생각에서 나아가 위기는 위대한 기회라고 여길 수 있어야 합니다. 변화 Change는 도전 Challenge을 요구하고 도전하다 보면 기회 Chance는 생기기 마련입니다. 변화에 도전하고 기회를 잡는 과정 중에 창의성 Creativity은 그 과정을 풍성하게 해줍니다.

큰 그림을 보는 능력

충분히 시간을 갖고 심사숙고하라.
그러나 행동해야 할 시기가 오면 생각을 멈추고 움직여라.
- 나폴레옹 보나파르트(Napoleon Bonaparte, 프랑스 황제)

축구 감독이 있다. 시합 때면 그는 벤치에 앉아 있기보다 시합 내내 서서 휘파람 소리까지 삑삑 울리며 무엇인가 계속 지시한다. 그런데 그가 지시하는 내용들 중 대부분은 공을 잡은 선수를 향한 것이 아니라 오히려 공을 잡지 않고 반대편에서 움직이는 선수를 향한 지시였다. 큰 그림을 보는 능력을 가진 축구 감독이다.

큰 그림을 보는 능력이란 사물이나 사건의 상호작용을 이해하는 능력이다. 한편에서 일어나는 사건을 바라보며 다른 한편에서 일어날 수 있는 상호작용을 예측하고 대비하는 능력이다. 부분을 통해 전체를 이해할 수 있는 능력이다. 동시에 부분에 집착하여 전체를 놓치지 않는 능력이다.

'전부 아니면 전무'라는 접근방식은 지양한다. 이것 아니면 저것, 좋은 것과 나쁜 것으로 양분하지 않는다. 모든 것을 연속성의 개념으로 이해한다. 즉, 큰 그림을 보는 능력은 일의 우선순위를 알고 구조와 방향을 찾아내는 능력인 것이다.

판단이 요구될 때는 그것이 일반적인 사안인지 특별한 사안인지 구분한다. 큰 그림을 보는 능력이 없으면 일반적인 사안을 특별하게 해석하기도 하고, 특별한 사안을 일반적으로 해석하여 판단하기도 한다. 상황에 따라 차이점과 유사점을 식별하는 능력인 것이다. 큰 그림을 보는 능력은 보이지 않는 것을 보고 간파하는 통찰력과 같은 것이다.

되어야 할 구체적인 목표를 정확히 아는 것은 큰 그림을 보는 능력을 갖기 위해 필수적인 조건이다. 때로 일의 그르침이 있더라도 목표에 도달하기 위해 겪어야 할 것임을 깨닫는 것이 큰 그림을 보는 능력의 시작이다.

프로젝트의 완성도는 대개 책상에서 절반 이상 이루어진다. 기획의 과정이 그만큼 중요하다. 큰 그림을 보는 능력은 완성도 높은 기획을 할 줄 아는 능력과도 결부된다. 시작이 어디인지 끝은 어디인지 정확히 알아야 한다.

기승전결이 잘 정리된 기획서는 오리엔티어링을 할 때 지니고 떠나는 지도와 나침반 역할을 하기에 충분하다. 게다가 중요한 과정마다 나름대로의 측정 가능한 지표를 평가할 수 있는 자^{Ruller}를 가지고 있다면 금상첨화다. 큰 그림을 보는 능력은 일이 시작된 후 불가피하게 맞게 될 변화무쌍한 환경 변화에도 정확히 목적지에 도달하게 하는 능력이다.

큰 그림을 보는 능력은 시너지를 활용하는 능력이다. 시너지는 전체가 부분의 합보다 더 큰 상태이다. 즉, 부분별 강점의 합이 모여 전체를 이룰 때 가능해지는 것이다. 약점을 보완하기 위해 필요한 에너지를 강점을 개발하는 데 집중시킬 때 시너지가 창출된다.

물론 리더십이 되면 강점만을 가지고 일하기에는 감당해야 할 범위가 너무 넓어진다. 오히려 많은 강점이 있음에도 몇 가지 안 되는 약점이 리더십을 행사하는 데 치명적인 결과를 내기도 한다.

그 보완을 위한 권한 위임이 잘못될 경우 그 결과는 더욱 참혹해질 수 있다. 그럼에도 리더십은 시너지를 창출해야 한다. 리더십으로서 부분의 강점을 활용하여 전체보다 큰 시너지를 창출하는 능력은 큰 그림을 보고 또 큰 그림을 그리며 그것이 현실이 되게 하는 중요한 능력이다.

변화하기 위해
변하지 말아야 할 것

변화를 지배하는 자가 성공한다.
- 톰 피터스(Tom Peters, 경영 컨설턴트)

'변해야 산다'는 말은 이제 더 이상 새롭지 않다. 세상에서 변하지 않는 것이 있다면, 그것은 모든 것은 변한다는 것이다. 변화하는 것은 살아 있는 것이다. 죽어 있는 모든 것은 변화하지 않는다. 변화 없이는 살아남을 수 없는 비즈니스 환경 속에서 수많은 기업들이 사활을 걸고 변화를 추진하고 있다.

그러나 변화를 시도하면 할수록 변화의 결단을 가로막는 어려움들을 직면하게 된다. 적을 만들고 싶으면 변화를 시도하라는 말이 있을 정도다. 변해야 한다. 스스로 변하지 않으면 변화를 강요받게 될 것이다.

그런가 하면 성공적인 변화를 위해 절대로 변하지 말아야 할 것이 있다.

첫째는 왜 변화해야 하는가에 대한 확실한 믿음이다. 변화의 필요성에 대한 확신이 없으면 변화에 성공할 수 없다. '불타는 갑판의 비유'가 있다. 변화는 물속으로 뛰어내리라는 고함에 의해서가 아니라 사람들이 진정으로 위기의식을 느낄 때 시작된다. 리더의 첫 번째 임무는 왜 변화해야 하는지에 대한 분명한 이유를 제시하는 것이다. 변화는 불가피한 현실, 즉 화염의 현장을 정확히 바라보게 하여 현실의 위기를 공유할 때만 가능하다.

둘째로 성공적인 변화를 위해 변하지 말아야 할 것은, 변화를 통해 이루어야 할 비전과 그 비전을 이루고자 하는 열정이다. 위기의식이 공유되면서 변화의 필요성을 확신했다면 변화의 방향을 설정해야 한다. 변화의 방향이 비전이다. 그리고 비전을 이루고자 하는 열정을 회복해야 한다.

변화의 필요가 생기는 대부분의 경우, 조직원의 무기력이 학습되고 있는 것을 보게 된다. 변화를 위한 변화는 더 이상 사람들을 일으킬 수 없다. 그저 그러한 열정은 그저 그러한 열매를 맺는다. 적당히 일하는 사람이 특별한 대우를 기대하면 안 된다. '우리 회사는 비전 있어!'라고 당당하게 말할 수 있는 비전을 세워야 한다.

성공적인 변화를 위해 변하지 말아야 할 세 번째는 변화를 기회로 역전시키는 지혜이다. 변화를 추진하게 되면 내외부적인 심한 저항을 받게 된다. 그러나 길은 있기 마련이다. 지혜가 부족할 뿐이다. 그리고 정답은 멀리 있지 않다. 경직되고 긴장하게 되면 쉬운 문제도 어렵게 느껴진다.

'움직이지도 못하는 죽은 말을 타고 있을 때 가장 좋은 전략은 죽은 말에서 내려 새로운 말을 찾는 것이다.' 인디언의 교훈이다. 죽은 말을 위해 더 강한 채찍을 구입하거나, 기수를 바꾸거나, 죽은 말을 살리기 위해 특별팀을 조직할 필요가 없다. 해답은 오히려 가까운 곳에 있을 수 있다. 이미 한 번쯤은 생각했거나 시도해 본 것일 수도 있다. 성공적인 변화를 위해 변하지 말아야 할 것은 간절히 지혜를 구하는 마음이다.

변화 키워드
뉴3C4P

성을 쌓고 사는 자는 반드시 망할 것이며,
끊임없이 이동하는 자만이 살아남을 것이다.
- 칭기즈칸(Chingiz Khan, 몽골제국 건국자)

마케팅이 무엇인가? 전통적인 마케팅의 정의는 '3C와 4P를 기획하고 추진하는 일련의 과정'이다. 여기서 3C란 고객 CUSTOMER, 경쟁사 COMPETITOR, 자기 회사 COMPANY이다. 3C의 강점과 약점을 파악하는 것이 내외부 환경 분석이다. 한편 4P는 가격 PRICE, 상품 PRODUCT, 유통 PLACE 그리고 판매촉진 PROMOTION이다. 3C 분석을 바탕으로 4P 전략, 즉 가격 전략, 상품 전략, 유통 전략 그리고 판매촉진 전략 등 종합적인 계획을 수립하고 추진하는 것이 마케팅이라는 것이다.

　고전에 해당하는 마케팅의 개념이지만 이보다 정확한 정의는 없는 것 같다. 마케팅의 3C4P를 응용하여 변화의 리더십을 발휘하기 위한 핵심 가치 뉴3C4P를 정의해 본다.

　3C의 첫째로 기회CHANCE이다. 기회는 반드시 변화CHANGE를 통해서 다가온다는 사실이다. 직급, 직책의 변화, 새로운 부서로의 발령, TFT 발탁 등 모든 변화는 기회이다. 변화를 해야 하는 가장 중요한 이유는 나와 내가 처한 환경이 불완전하기 때문이다. 변화의 시작은 변화하고자 하는 욕구이다. 일일우일신, 즉 하루하루가 새로운 변화의 시작인 것이다. 청어람 청출어람, 푸른 싹을 뚫고 나오는 새로운 싹의 푸르름이 얼마나 신선한가? 변화를 두려워하는 사람은 결코 지금보다 나은 자리에 갈 수 없으며 기회를 잡을 수 없다. 변화는 기회를 기다리는 사람에게는 축복의 선물이다.

　3C의 둘째는 도전CHALLENGE이다. 오스티엄에서는 회의를 포함한 공식석상에서 문제PROBLEM이라는 단어를 사용하지 않는다. '문제가 있다'라는 표현을 '우리에게 도전이 있다'라고 표현한다. 공식적인 보고서에도 '문제점' 대신에 '도전 과제'라고 쓴다. '문제가 있다'는 말을 들었을 때와 '우리에게 도전이 있다'라는 말을 들었을 때를 비교해 보라. 그 말을 전해 듣는 나의 자세와 태도가 달라지는 것을 느낄 수 있다. 보다 결연해지고 비장해지는 것을 알 수 있

다. '그래 도전해 봐. 우리는 얼마든지 맞서 나갈 거야.'라고.

3C의 마지막은 창의성 CREATIVITY이다. 창의성은 저절로 주어지는 선물이 아니다. 멈추지 않는 생각의 결과가 창의성이다. 나이와 상관없이 젊다와 늙다의 차이를 창의성이 있다와 없다의 차이라고 할 수도 있다.

젊다는 것은 생각이 멈추지 않았다는 것이다. 나이가 들었지만 끊임없이 사고하는 사람이 젊은 사람이고, 나이는 어리지만 생각하길 귀찮아하고 생각이 멈춘 사람이 늙은 사람이다. 창의성이란 우리에게 숨겨진 창조의 능력을 발견하는 과정이다.

변화 키워드 중, 4P의 첫째는 열정 PASSSION이다. 열정은 꿈을 이루게 하는 엔진의 연료이다. 아무리 훌륭한 성능의 엔진이라도 열정이라는 연료를 투입하지 않으면 움직이지 않는다. 변화를 하고자 하는 마음을 가지게 되었다면 그 뒤에는 열정이 숨어 있다.

둘째로 긍정적 사고 POSITIVE THINGKING이다. 나는 어떤 일을 시작하려 할 때 부정적인 말을 하는 사람을 싫어한다. 될 수 있는 방법보다 안 되는 이유를 늘어놓는 사람을 말한다. 안 되는 이유를 생각하는 에너지는 될 수 있는 방법을 찾는 에너지의 반의 반도 안 든다. 될 수밖에 없다는 긍정적인 생각에서 진정한 변화는 시작된다.

셋째는 진보 PROGRESS이다. 변화를 시작했다면 지속해야 한다. 작은 변화가 큰 결과를 만들어 내기 때문이다. 그런 측면에서 제대로 된 조직이라면 이제껏 해본 어떤 것보다도 나은 시도란 없다. 다만 조금 더 나은 시점, 더 나은 방법의 문제가 있을 뿐이다. 변화를 시작했다면 멈추지 말아야 한다. 변화를 위해 나아가는 앞길의 장애물을 제거해야 한다.

넷째는 약속 지키기 PROMISE KEEPING이다. 변화를 시작하기 전에 조직은 다양한 약속을 한다. 그것은 무엇을 변화시킬 것인가와 어떻게 변화할 것인가, 그리고 변화에 성공하면 어떻게 될 것인가를 담고 있어야 한다. 리더십의 역할은 그 약속이 반드시 지켜질 수 있도록 하는 것이다. 그것이 납기이든 목표이든 인센티브이든 상관없다. 변화를 위한 변화, 보여주기 위한 변화를 막는 유일한 방법이기 때문이다.

\Insight from daily twitting

 잘 나갈 때 변신하면 '역시 다르구나.', 못 나갈 때 변신하면 '별 짓을 다하네.'라 합니다. '이쯤이면 되겠다.'고 생각할 때가 변신 타이밍입니다.

 '혁신'이란 갓 벗겨낸 가죽을 무두질하여 새로운 가죽을 만든다는 것으로, 기존의 것을 완전히 바꾸어 새롭게 함을 의미합니다. 기업 경영에서 '혁신'은 영원한 주제입니다. '내일부터 좋아질 거야.'라는 근거 없고 막연한 낙관주의는 기업을 병들게 합니다. 차라리 '내일 더 나빠질 수 있다.'는 냉정한 비관주의가 더 낫습니다. 더 나은 내일을 위해서 변화와 혁신이 필요한 것입니다. 가장 좋은 변화와 혁신은 변화와 혁신이 필요 없다고 판단될 때 하는 것입니다.
 그렇다면 변화와 혁신의 범위와 내용은 어떻게 하면 좋을까요? 마누라만 빼고 다 바꾸라는 사람이 있고, 마누라부터 바꾸라는 사람이 있습니다. 전자는 변화의 양이고, 후자는 변화의 질입니다. 전자는 변화의 아젠다이고 후자는 변화의 진정성입니다. 변하지 않는 모든 것은 죽은 것입니다.

전략적 사고

나는 내 머리에서 나올 수 있는 지혜를 다 짜낼 뿐만 아니라, 빌려 올 수 있는 것은 모두 동원한다.
- 우드로 윌슨(Thomas Woodrow Wilson, 미국 대통령)

구약 성경을 보면 왕에게 술시중하는 관원장의 직책을 갖고 있던 느헤미야라고 하는 사람이 있다. 어느 날 그는 자신의 고향인 예루살렘에 있던 성전이 무너졌다는 소식을 접한다. 안타까운 상황을 생각하며 밤마다 눈물 흘리며 기도하던 그는 결심했다. '내가 비록 왕의 술을 따르는 관원장이지만 내일은 왕과 담판을 지어야겠다.'

그는 다음 날 아침 작심하고 왕 앞에 근심을 띤 얼굴로 나갔다.

술 따르는 관원장의 업무 매뉴얼에 따라 절대 왕 앞에서 웃는 얼굴 외의 표정을 지을 수 없는 걸 잘 알고 있었지만, 그는 비장의 승부수를 던진 것이다.

이제 왕의 선택은 두 가지이다. 하나는 왕의 심기를 불편하게 한 그 관원장을 감옥으로 보내는 것이다. 다른 하나는 인간적인 마음으로 그가 근심의 얼굴을 띤 이유를 들어 보는 것이다. 왕은 두 번째를 선택했다. 결국 술 따르는 관원장 느헤미야는 아닥사스다 왕의 도움으로 예루살렘 성전 건축을 시작하는 계기를 만들었다.

느헤미야는 자기가 처한 상황과 간절한 바람을 기초로 전략적인 사고를 했다. 그는 주도적이었고 전략적이었다. 아닥사스다 왕이 '그러면 네가 무엇을 원하느냐?'고 물었을 때, 그는 '생각할 시간을 조금만 달라.'고 하지 않았다. 오히려 성전 건축 프로젝트를 그 자리에서 즉시 거침없이 프레젠테이션할 수 있을 정도로 철저히 준비했던 것이다.

우리는 매일 수많은 선택을 한다. '무엇을 먹을까, 무엇을 입을까' 하는 다소 가벼운 선택부터 '나의 평생에 무엇을 어떻게 할까' 하는 무겁고 중요한 선택도 있다.

일을 하는 사람이라면 선택은 일의 성과를 좌우하는 매우 중요한 요소임을 확실히 알고 있다. 잘못된 방향을 선택하고 열심히 노력한다면 좋은 성과를 기대할 수 없다. 오히려 방향의 선택이 확실하다면 다소 노력을 덜 하거나 능력이 부족해도 훨씬 나은 성과를 얻을 수 있는 것이다. 과녁을 벗어난 화살이 더 빨리 더 멀리 날아갈수록 과녁으로부터 더 빨리 더 멀리 멀어져 가는 것과 같은 이치이다. 전략적인 사고를 훈련하는 것은 그래서 중요하다.

전략적 사고를 생각게 하는 이솝 우화가 있다.
수사자 한 마리가 살고 있었다. 암사자를 사랑해야 당연한 이 수사자는 당황스럽게도 길을 지나가던 한 인간 아가씨를 보고 사랑에 빠진다. 그리고 몰래 그 아가씨의 뒤를 따라간다. 그녀가 근처 마을에 사는 농부의 딸임을 알아내고는 농부의 집을 찾아가 문을 두드렸다. 사자를 발견하고 깜짝 놀라는 농부에게 사자는 '따님과의 결혼을 허락해 달라'고 말했다.
겁에 질려 있던 농부는 딸과 잠시 상의한 후 대답했다. '사실 우리 딸도 사자님의 늠름한 모습에 은근히 마음이 끌리는 모양입니다. 하지만 혹시 사자님의 날카로운 이빨과 발톱에 상처를 입을까 걱정되어 선뜻 결정을 못하겠답니다.'
이 말을 들은 사자는 무엇이 문제냐고 하면서 자신의 이빨과 발톱을 뽑아내었다. 그러나 농부는 결혼을 허락하기는커녕 발톱과 이빨이 빠진 사자를 몽둥이로 패서 쫓아내 버렸다.
사자보다 사람이 전략적 사고를 한 것이다. 농부는 사자에게 이빨을 뽑으면 결혼을 허락하겠고, 아니면 허락할 수 없다고 했다. 그러나 농부는 '이빨을 뽑으면 내쫓아야지. 하지만 이빨을 뽑기를 거부하고 계속 청혼하면 딸에게는 미안하지만 결혼을 시킬 수밖에 없겠군. 온 가족이 다 몰살당할 수는 없지 않은가.'라고 생각했을 것이다.

할 일 많은 이 세상에서 우리는 제한된 시간과 자원을 가지고 살아간다. 전략적인 사고를 통해 올바른 선택을 하지 못한다면 귀중한 시간과 자원을 낭비하고 말 것이다. 세상은 결코 만만하게 우리를 내버려두지 않는다. 마음 내키는 대로만 살 수는 더욱이 없다. 영향을 받는 삶에서 벗어나 세상을 향해 건강한 영향력을 행사하기 위해서 전략적 사고는 필수적이다.

> ## 이기는 게임
>
> 세상에는 두 종류의 사람들이 있다. 자신이 할 수 있다고 생각하는 사람과 할 수 없다고 생각하는 사람이다.
> 물론 두 사람 다 옳다. 언제나 자신의 경험이 그러한 믿음을 만들기 때문이다.
> - 헨리 포드(Henry Ford, 포드 자동차 창업자)

    게임에서 이기는 것은 즐거운 일이다. 그러나 이기는 사람이 있으면 지는 사람이 있기 마련이다. 쉬운 게임인데도 놓치는 경우가 있고 불가능처럼 보였던 게임에서 이기는 경우도 있다. 비즈니스는 피할 수 없는 경쟁이다. 늘 상대방이 있기 마련이다. 경쟁을 피할 길이 없다면 게임을 하듯 즐길 필요가 있다.

    리더는 조직의 적당한 긴장감을 유지하되, 즐겁게 경쟁할 수 있는 환경을 만들어야 한다. 좋은 리더를 만나면 게임을 즐기며 이기는 기쁨을 누리게 되지만, 그렇지 못한 리더는 조직을 구차하고 궁색하게 만들게 된다. 리더는 조직이 이기는 게임을 할 수 있도록 도와야 한다.

게임에서 이기려면 무엇보다 게임의 룰을 정확히 이해해야 한다. 흔한 게임들 중 369게임, 공공칠빵, 디비디비딥과 같이 게임의 룰이 특별하거나 어렵지 않은 것들이 있다. 그러나 마피아, 심리게임같이 게임의 규칙 그 자체를 이해하기 어려운 게임도 있다. 게임을 즐기고 나아가 이기는 게임을 하기 위해서는 우선 게임의 룰을 정확히 이해하고 익히는 과정이 선행되어야 한다.

게임의 범위를 단순한 놀이로부터 비즈니스로 확대하더라도 상황은 다를 게 없다. 『남자처럼 일하고 여자처럼 승리하라』의 저자 게일 에반스는 비즈니스라는 게임에서 여성이 남성에 비해 불리할 수밖에 없다고 했다. 게임을 잘하는 여성이 거의 없고 만족을 느끼는 여성은 더욱 적은 이유가 있다고 했다. 그것은 남성들이 비즈니스 게임의 안내서를 읽지 않아도 되는 이유, 즉 비즈니스 세계의 게임의 법칙이 남성 중심의 사고에 기인하기 때문이라고 했다. 그러므로 여성들이 비즈니스라는 게임에서 승리하기 위해서는 남성들이 만든 게임의 룰을 철저히 이해해야 한다는 것이다.

게임을 즐기고 또 이기기 위해서는 게임에 영향을 주는 요소를 정확히 파악해야 한다. 야구 경기의 예를 들어보자. 야구는 야구를 직접 하는 사람보다 보고 즐기는 쪽이 훨씬 즐거운 게임에 속한다. 야구는 기록과 확률의 게임이다. 투수, 포수를 포함한 각각의 선수들의 특징이나 능력을 모르고는 게임에 이길 수 없다. 경기장의 규격이나 심판의 판정 성향, 응원단의 분위기조차 승패에 영향을 주는 중요한 요소이다. 물론 감독의 예전 승부스타일 또한 중요하게 확인해야 할 항목이다.

비즈니스 측면에서 게임에 영향을 주는 요소로는 마케팅 3C4P, 즉 고객 CUSTOMER, 경쟁사 COMPETITOR, 자기 회사 COMPANY, 가격 PRICE, 상품 PRODUCT, 유통 PLACE 그리고 판매촉진 PROMOTION과 그것을 기획하고 실행하는 플레이어, 즉 인재들이다. 이 모든 것이 어떤 상호 관계를 통해 연결되어 움직이고 영향을 주고받는지를 정확히 파악해야 한다.

이기는 게임을 위한 마지막은 이길 수밖에 없는 전략의 수립이다. 이기는 전략 수립이야말로 리더의 핵심 역할이다. 전략 강의로 유명한 송병락 교수는 전략의 핵심은 경쟁자와 다른 방법으로 싸우는 것이라고 했다. 적의 방법대로 싸우지 말고 이길 수 있는 방법을 찾으라는 것이다.

어떤 종류의 경쟁에서건 이길 수 있는 전략은 반드시 있다고 했다. 주어진 상황에서 최선을 다하는 것은 전략이 아니다. 단지 마음가짐일 뿐이다. 서울에서 부산을 가는 방법이 수도 없이 많은 것처럼 이기는 게임을 위한 전략은 반드시 존재한다는 믿음을 잃지 말아야 한다. 단지 그것을 찾아내는 훈련의 부족을 탓할 뿐이다. 노력과 결과를 혼동하지 말아야 한다.

    리더뿐만 아니라 조직도 이기는 게임을 원한다. 심지어 이기지 않으면 안 된다는 강박관념에 사로잡히기도 한다. 그러나 더 나은 게임의 결과를 위해, 리더는 한 번의 승부에 집착하지 않고, 겸손하게 결과를 승복하며, 다시 시작할 수 있는 용기를 주는 문화를 만들 책임을 져야 한다.

\ Insight from daily twitting

과녁을 벗어난 화살은 빠를수록 과녁과 빨리 멀어집니다. 방향이 맞다면 기다려볼 만합니다. 단, 방향은 맞는데 속도가 나지 않는다면 열정이 원인이고, 잘못된 방향을 향한 열정은 오만입니다.

조직 내에는 싸우는 방법은 알지만 싸우고자 하는 투지가 약한 병사, 방법은 몰라도 투지가 강한 병사, 방법도 모르고 투지도 없는 병사가 있습니다. 물론 방법도 알고 투지에 찬 병사만을 원하지만, 현실은 그렇지 않습니다. 투지 없는 병사를 데리고 이길 방법은 없습니다. 그런데 투지가 강한 병사 중에서 방향을 잘못 잡고 열정을 다하는 투지 강한 병사가 더욱 심각한 문제입니다. 열심히 하면 할수록 과녁을 벗어난 화살처럼 목표와 더 빨리 더 멀리 날아갑니다.

조직에는 죽을 시간도 없이 바쁜 사람이 있는가 하면, 할 일이 없어 주리를 트는 사람도 있습니다. 리더가 바쁠수록 이런 현상은 심해집니다. 방향을 정확히 한 후, 도전적 목표를 주고 냉정하게 평가하는 것만이 유일한 해법입니다.

> **태도 경쟁력**
>
> 나는 가난한 덕분에 평생 근검절약할 줄 알아 부자가 되었다.
> 나는 배우지 못한 덕분에 평생 공부에 남들보다 더 많이 관심 갖고 한 글자라도 더 배우려고 열정을 쏟았다.
> 나는 몸이 약했다. 오히려 그 덕분에 더 조심하고 삼가면서 건강을 챙겨 95세가 넘도록 장수할 수 있었다.
> - 마쓰시다 고노스케(마쓰시다 창업자)

『생각의 법칙 10+1』, 『리더십의 21가지 불변의 법칙』을 등을 쓴 존 맥스웰은 리더십과 자기계발 분야의 베스트셀러 작가이다. 동시에 그는 목사이기도 하다. 전문성과 동시에 영성을 균형 있게 갖춘 보기 드문 작가이다.

그의 저서 『태도101』이라는 책은 우리 회사의 필독서다. 태도가 리더십과 개인에 미치는 영향을 간결하고도 명확하게 쓴 책이다. 그는 성공이 목적지가 아닌 여정 이어야 한다고 했다. 그리고 성공을 위해 필요한 것이 실력보다는 태도라고 주장했다.

태도가 미치는 영향력이 막중한 것에 반해 태도를 바꾸는 것은 무엇보다도 힘들다. 제너럴 일렉트릭의 전 회장 잭 웰치는 실적과 로열티 혹은 태도를 철저하게 평가하여 실적과 태도가 좋은 사람은 보상하고 둘 중의 하나가 부족한 사람을 위해 계획을 짜되 실적도 없고 태도도 좋지 않은 사람들은 정기적으로 퇴출시켜야 한다고 했다.

그만큼 태도를 바꾸는 것이 어렵다는 것을 역설한 것이라고 본다. 태도를 바꾸기 힘든 가장 큰 이유는 좋은 태도든 나쁜 태도든 그 태도가 형성되기까지 엄청나게 많은 시간이 걸렸다는 것이다. 그렇게 긴 시간에 걸쳐 다져지고 형성된 태도를 단시간에 바꾸기가 쉽지 않다고 보는 것이다.

조직생활을 시작하는 사람에게 주어진 과제는 실력을 갖추고 업적을 내는 것이기에 앞서 태도의 경쟁력을 확보하는 것이다. 자신이 가지고 있는 경쟁력은 조직에 의해 평가된다. 그것은 하나의 목표를 가지고 팀을 이루어 작업을 해야 하는 공동체가 가지는 불가피함이다. 냉정한 평가가 이어지게 될 것이다. 누구든 예외가 없다.

그런데 이제 막 일을 시작하는 사람에게 가혹하게도 실적을 묻는 조직은 그리 흔치 않다. 대부분의 평가가 태도에 대한 평가에 집중된다. 신입사원이라면 더욱 그렇다. 프레젠테이션의 내용보다 프레젠테이션을 준비하고 진행하는 과정 중에 보여주는 태도를 더 많이 평가한다. 열의에 찬 적극성과 표정이 파워포인트로 작성된 화려한 장표보다 중요한 시기이기도 하다. 그런 태도는 목소리로, 서 있는 자세로, 눈빛으로 전달된다.

업무의 완성도도 중요하지만 업무를 지시받거나 보고서를 전달하거나 결재를 받는 태도가 어찌 보면 더욱 중요하다. 업무 규정에 의해 주어진 시간에 일을 철저하게 진행하는 것보다 출근할 때의 모습, 퇴근할 때의 예의 같은 것이 더 많이 평가된다. 왜냐하면 탁월한 실력을 갖추기까지 적지 않은 시간이 필요함을 조직은 알고 있기 때문이다. 태도의 경쟁력을 갖추기 위해 집중적으로 노력해야 하는 시기를 놓치지 말아야 한다.

태도는 다분히 주관적이어서 조직생활을 하기 전에는 좋고 나쁨에 대한 기준을 알기가 쉽지 않다. 사회가 다양성을 인정하고 다름에 대한 이해를 깊이할지라도 공동체를 이루는 데 태도가 주는 영향력은 변하지 않을 것이다.

스스로가 태도의 경쟁력을 갖추었는지에 대해 아는 유일한 방법은 의외로 아주 간단하다. 물어보는 것이다. '내 태도가 좋은가요?' 이 단순한 질문만이 태도의 경쟁력을 검증하고 갖출 수 있는 유일한 방법인 것이다.

태도의 경쟁력은 사람과 사람이 함께 어우러지는 공동체 안에서 갖추어야 할 중요한 요소이다. 인복이 있다고 말하는 대부분의 사람은 태도의 경쟁력을 확보한 사람이다. 혼자는 할 수 없는 큰 일도 나를 돕는 데 인색하지 않은 전문가들로부터 도움을 받을 수 있다면 훌륭히 해낼 수 있을 것이다. 태도의 경쟁력 덕분에 가능한 일이다.

\Insight from daily twitting

일이 잘 안 되었을 때, 원인을 분석하고 전략을 다시 짭니다. 그러나 그것보다 먼저 '최선'을 다했는지 봐야 합니다. 최선을 다하지 않고 짜는 전략을 '얕은 잔꾀'라 합니다. 얕은 잔꾀로 이루는 일은 뻔합니다. 별거 없죠.

'37년 동안 하루도 빠짐없이 14시간씩 연습했는데, 사람들은 나를 천재라고 부른다.' 한 연주가의 고백입니다. 정말 잘하고 싶어 하는데, 그렇게 열심히는 하는 사람은 별로 없습니다. 그래서 해볼 만한 것입니다.

경영 기법이 유행 따라 변하고, 마케팅 방법이 다양해지며, 전략 수립의 스킬들이 눈부시게 발전합니다. 특히 '전략'이라고 하는 단어가 문제를 해결하는 만병통치약같이 쓰입니다. '이게 최선인가요?'라는 말이 유행한 적이 있습니다. 최선을 다하지 않고 괜찮은 결과를 기대하지 마세요. 일이 기대 이상으로 잘될 수도 있고, 예상보다 잘되지 않을 수도 있습니다. 그러나 최선을 다했다면 겸손하게 다음을 기대해볼 필요가 있습니다.

> ## 예언 연습
>
> 미래를 예측하는 가장 확실한 방법은 미래를 창조하는 것이다.
> - 스티븐 코비(Stephen R. Covey, 컨설턴트)

 만년필을 즐겨 쓰는 리더를 따라 만년필을 쓰거나, 멋진 정장을 즐겨 입는 리더를 따라 정장을 입는 것은 리더십이 잘 발휘되는 조직에서 접하는 자연스러운 광경이다. 조직은 자연스럽게 리더의 다양한 면면을 보고 배우고 따라 하게 된다.
 그중 눈에 쉽게 띄지는 않지만 긴 시간에 걸쳐 습득하게 되는 것이 리더의 커뮤니케이션 방법과 스타일이다. 리더의 커뮤니케이션 스타일은 그 리더의 언어 습관에서 비롯된다. 그러므로 리더는 의도적으로 언어 생활을 훈련하고 관리할 필요가 있다. 그런 리더의 영향력은 조직을 건강하게 한다.

'말이 씨가 된다'는 우리나라 속담이 있다. 좋은 말의 씨를 뿌리면 좋은 열매를, 나쁜 말의 씨를 뿌리면 나쁜 열매를 맺는다는 지극히 단순하고 명쾌한 진리이다. 그럼에도 사람들이 뿌리는 말의 씨앗을 살펴보면 좋은 말의 씨앗보다는 오히려 나쁜 씨앗을 뿌리는 것을 쉽게 발견할 수 있다. 『최고경영자 예수』의 저자 로리 베스 존스는 '예언'을 '씨가 되는 말을 뿌리는 것'이라 정의하였다. 모든 사람들이 예언을 할 수 있다고 했는데, 그것은 바로 씨가 되는 말을 하라는 것이다. 일어나지 않은 사건에 대한 불안, 과거에 대한 반복적인 회상, 다른 사람의 생각에 대한 추측, 자신의 말이나 행동에 대한 후회 등 꼬리에 꼬리를 물고 연속되는 생각을 떨쳐 버릴 때 가능한 일이다.

구약성경을 보면 약속의 땅 가나안을 눈앞에 두고 민족의 지도자 모세는 열두 명의 정탐꾼을 그곳으로 보낸다. 열두 명의 정탐꾼은 돌아와 상반된 보고를 모세와 이스라엘 백성들에게 했다. 열 명의 부정적인 보고와 두 명의 긍정적인 보고였다.

그 보고를 들은 이스라엘 백성은 열 명의 부정적인 보고를 사실로 받아들인다. 뿐만 아니라 모세에게 불평하고 나아가 하나님을 원망했다. 열 명의 정탐꾼은 눈에 보이는 현실만을 받아들였다. 자신들을 메뚜기라 표현했고, 그렇게 확신했다. 그러나 두 명의 정탐꾼은 하나님의 약속을 신뢰하였고 하실 일을 기대했다. 오히려 가나안 땅에 거하는 그들이 자신들의 밥이라고 말했다. 그리고 확신했다. 결국 두 명의 정탐꾼이었던 여호수아와 갈렙을 제외한 모든 사람은 하나님께서 허락하신 약속의 땅에 들어가지 못하고 말았다.

리더의 긍정의 언어, 즉 긍정의 결과를 기대하는 말의 씨가 바로 리더의 예언이다. 예언이 적중하면 그보다 좋을 리 없겠지만, 그렇지 못하더라도 잃는 것보다 얻는 것이 훨씬 많다. 리더의 예언 연습은 조직을 밝고 긍정적인 조직으로 이끈다. 리더의 언어 습관은 예언 훈련이어야 한다.

부정적이어서 역사를 바꾼 사람은 없다. 비관적이어서 성공한 사람도 없다. 선택이고 결정이다. 무엇을 택할지는 내가 결정한다. 축복의 산물인 자유 의지는 은혜이고 선물이다. 나는 무엇을 선택하고 어떻게 결정할 것인가?

\ Insight from daily twitting

'하는 일마다 잘된다?' 그거 오래가지 않습니다. '하는 일마다 꼬인다?' 그것도 오래가지 않습니다. 그런 믿음이 없는 사람은 다시 시작할 기회를 얻지 못합니다.

'하는 일마다 대박이다.' 분명 기적입니다. 그런데 더 큰 기적은 '하는 일마다 쪽박이다.'일 것입니다. 기적은 있습니다. 그러나 매사 기적을 바라고 일을 할 수는 없겠죠. '하는 일마다 대박'이어도, '하는 일마다 쪽박'이어도 그것이 오래가지 않을 것이라는 생각을 잊어서는 안 됩니다.

다윗 왕이 왕궁의 세공인에게 명했습니다.

'나를 위해 아름다운 반지를 하나 만들되, 내가 전쟁에서 큰 승리를 거두어 환호할 때 교만하지 않게 하고, 내가 큰 절망에 빠져 낙심할 때 좌절하지 않고 스스로에게 용기와 희망을 줄 수 있는 글귀를 새겨 넣으시오.'

이에 세공인은 아름다운 반지를 만들었으나, 정작 그 반지에 새겨 넣을 글귀가 떠오르지 않아 지혜롭기로 소문난 솔로몬 왕자에게 찾아가 도움을 청했습니다. 이때 왕자가 알려준 글귀가 있습니다. '이 또한 지나가리라.'

> ## 원칙의 힘
>
> 고난의 시기에 동요하지 않는 것, 이것은 진정으로 탁월한 인물의 증거다.
> - 루트비히 반 베토벤(Ludwig van Beethoven, 독일 고전파 작곡가)

퀴즈를 하나 풀어보자. 다음 중 옳은 것은 무엇인가?

첫째, 빨간 신호등이 켜지면 주위를 살펴보고 아무도 없으면 건너간다. 둘째, 빨간 신호등이라도 여럿이 함께 건너면 안전하다. 셋째, 빨간 신호등이 켜지면 선다. 물론 셋째가 정답이다.

세상에는 수많은 원칙들이 존재한다. 그리고 그 원칙들은 힘을 발휘한다. 원칙은 물이 위에서 아래로 흐르듯 자연스러운 자연의 법칙을 따른다. 원인이 있고 결과가 있다. 원칙은 무질서를 질서 있게, 부조리를 합리적으로, 절망에서 희망을 찾게 하는 힘이 있다. 평범하지만 강력한 힘을 발휘하는 원칙들이 있다.

'빨간불이 켜지면 반드시 선다'는 원칙은 강력한 힘을 발휘한다. 어떤 상황이 빨간불인가? 자동차를 운전할 때는 신호등을 정확히 바라보면 된다. 그러나 일상에서 신호등처럼 눈에 보이는 신호가 오는 경우는 흔치 않다. 혹시 사회적인 합의에 의한 빨간불을 이해하지 못하는 사람이 있을까? 빨간불에 대한 정보를 접하지 못한 사람이 있을까?

상식과 양심이 바로 빨간불을 밝히는 신호등이다. 작게는 개인 간의 약속이 그것이다. 감각에 따라 자극에 따라 마음가는대로 행동하면 안 된다고 마음의 빨간불인 양심은 말한다. 하지 말아야 할 말을 하지 않고, 하지 말아야 할 행동을 하지 않는 원칙은 강력한 힘을 발휘한다.

'어려울수록 기본으로 돌아가라'는 원칙은 새롭게 하는 힘을 발휘한다. 기본에 충실하자. 개인기는 충실한 기본에서 나온다. 기본에 충실한 사람이 만드는 결과는 크게 잘못될 가능성이 적다. 기본에 충실한 사람이 슬럼프를 쉽게 빠져 나온다.

대부분의 어려움은 상황적 어려움이다. 상황이 원치 않는 방향으로 흘러 그렇게 된 것이다. 물론 상황은 개인의 의지에 따라 움직여 주지 않는다. 상황 탓을 하기 전에 기본으로 돌아가 보자. 상황을 변화시키는 것보다 나를 변화시키는 것이 훨씬 빠르고 정확하고 확실하다. 기본으로 돌아가서 처음부터 다시 시작하고자 하는 자세는 모든 문제 해결의 마스터키와 같다.

'시작하면서 끝을 바라보라'는 원칙은 어려움을 뛰어넘는 힘을 발휘한다. 시작하면서 끝을 바라보는 사람은 일이 진행되는 과정 가운데에서 겪게 될 도전을 극복하는 힘과 지혜를 얻을 수 있다. 가야할 곳을 정확히 아는 사람은 결국 목적지에 다다를 것이다. 조금 돌아가더라도, 잠깐 지체하더라도 결국 끝을 보게 될 것이다. 시작하면서 끝을 바라보라는 원칙은 지혜와 힘의 샘이 된다.

세상에는 크고 작은 수많은 원칙들이 존재한다. 그리고 그 하나 하나의 원칙은 힘을 발휘한다. 원칙은 사회적 합의나 사회적 체벌보다 앞선다. 반칙을 통해 얻을 수 있는 이익의 유혹에 흔들리지 말자. 변칙적인 적용의 쉽고 편안함을 거부하자. 원칙을 존중하고 지키는 개인과 조직이 힘이 있다.

행복을 주는 크리에이티브 리더십

다른 사람이 원하는 것을 얻도록 도움을 줄 수 있는 사람은 인생에서 자신이 원하는 것을 모두 얻을 수 있다.
- 지그 지글러(Zig Ziglar, 미국 작가)

연봉을 기대 이상으로 많이 받고 스카우트된 한 친구가 있었다. 소위 잘나가는 대기업을 다니던 그가 본의 아니게 직장을 옮겨야 하는 상황이 되었는데 마침 코스닥 등록 후 신사업 기획을 추진하던 벤처기업의 임원으로 스카우트가 된 것이다. 그러나 높은 연봉으로 인해 들뜬 기분은 딱 삼 일이었다. 높은 연봉이 회사의 높은 기대수준인 것을 그는 곧 깨닫게 되었고, 중압감과 스트레스를 견디기 어렵다고 고백하는 것을 들었다.

행복은 추구해야 할 목표가 아니라 발견해 나가는 과정인 것이다. 행복은 절대가치가 아니라 상대적인 가치다. 그렇기 때문에 궁궐에 앉아서도 죽음을 생각할 수 있지만 눅눅한 지하 감옥에서도 기뻐 춤출 수 있는 것이다.

행복이 상대적 가치인 것과 같이, 행복감을 상대적으로 더 많이 느끼는 성향의 사람들이 있다. 자존감이 있는 사람이다. 자기를 아끼고 사랑할 줄 아는 사람이 그렇지 못한 사람보다 행복감을 느낄 가능성이 크다. 외향적인 사람이 내성적이고 내향적인 사람보다 행복감을 느낄 가능성이 높다. 자기 표현에 능하고 슬픔과 기쁨을 나눌 줄 아는 사람이 상대적으로 더 높은 행복감을 느낄 수 있는 것이다.

자기효능감이란 운명의 통제를 믿는 것인데 자기효능감이 높은 사람이 그렇지 못한 사람보다 상대적으로 행복감을 더 느낄 수 있다. 즉, 자신의 운명을 자신의 노력으로 통제할 수 있다고 확신하는 사람이 그렇지 못한 사람보다 행복감을 더 크게 느낀다는 것이다. 늘 희망이 가득하고 긍정적인 삶의 태도를 지니고 있는 낙천적인 사람이 또한 그렇지 못한 사람보다 행복감을 더 느낄 가능성이 높다.

그런데 개인의 성향이라는 것은 쉽게 바뀌지 않는다. 그렇기 때문에 리더는 의도적으로 조직의 분위기를 그런 성향이 강조되고 부각되도록 독려할 필요가 있다. 개인의 다양성을 인정하고 존중하는 가운데 행복을 상대적으로 더 느낄 수 있는 분위기를 만들어야 한다. 그것은 문화가 된다.

행복을 주는 리더십은 조직원들이 행복을 발견하게 하는 리더십이다. 조직도 사람과 같다. 조직도 피로를 느끼고 화를 내며, 조직도 감격하고 행복감을 느끼는 것이다. 이런 가운데 행복을 주는 리더십이란 행복을 발견하는 능력을 키워 주고, 그것을 유지하는 능력을 배양해 주는 리더십이라고 할 수 있다. 다양한 토론과 커뮤니케이션을 통해 그런 문화를 만들어 갈 수 있도록 돕는 리더십이 행복을 주는 리더십이다.

행복을 주는 리더십은 조직의 밸런스 체커Balance Checker의 기능을 한다. 일, 오락, 휴식과 영적 활동의 균형이 맞는 사람이 상대적으로 높은 행복감을 느낄 수 있다. 여기서 오락과 휴식은 다른 것이다. 오락은 시간과 돈과 몸을 투자하며 얻을 수 있는 기쁨인데 반해 휴식이란 절대적 휴식 그 자체인 것이다.

휴일 다음 날 몸의 컨디션이 좋지 않다면 그것은 휴식이 아니라 오락의 시간을 보낸 까닭이다. 피곤한 사람은 매일 오후 10시에 잠자리에 드는 것을 일주일만 해보면 휴식의 진정한 의미를 알 수 있다. 행복을 주는 리더는 조직과 조직원의 균형을 잡아 주는 밸런스 체커가 되어야 한다.

행복을 주는 리더십은 조직이 해야 할 일을 정의해 주고 조정해 주는 중재자의 역할을 한다. 사람은 창조의 주체이다. 또한 창조의 기쁨은 최고의 행복이다. 그런데 그런 환경은 최적의 경험과 과제, 능력에 좌우된다. 행복을 주는 리더는 조직원이 그들의 경험과 능력을 살려 최적의 성과를 낼 수 있는 일을 정의하고 목표를 부여하는 중재자인 것이다.

　마지막으로 행복을 주는 리더십은 최고의 상담가로서의 역량을 발휘한다. 사랑하는 가족, 사랑하는 친구, 사랑하는 부모와 있을 때 사람들은 행복감을 느낀다. 조직이 사랑하는 가족처럼 또는 신뢰하는 친구처럼 나를 생각하고 배려한다는 느낌이 행복을 가져다주는 것이다. 행복을 주는 리더는 최고의 상담가로서 조직의 갈등을 발견하고 치유하는 중요한 의무를 가진다.

크리에이티브 리더의 조건

책임감을 즐기는 사람은 권위를 얻지만, 단지 권위를 즐기는 사람은 오히려 권위를 잃기 마련이다.
- 말콤 포브스(Malcolm Forbes, 포브스 발행인)

조직 생활을 통해 다양한 리더십을 경험하게 된다. 리더를 잘 만나 승승장구하기도 하고, 리더를 잘못 만나 고생하는 경우도 있다. 리더가 된다는 것은 안전지대를 벗어난다는 것과 같다. 홀로서기의 시작이다. 무대 위에 덩그러니 혼자 남겨진 기분을 매일매일 느낀다. 일거수일투족이 영향을 미친다. 표정도 관리해야 하고, 행동도 조심해야 한다. 말은 더더욱 그렇다. 좋은 리더 됨을 위한 훈련이 필요한 이유이다. 좋은 리더를 선택할 수는 없지만, 스스로 좋은 리더가 되기를 결심할 수는 있다. 조직을 살리고, 더 나은 미래로 이끄는 크리에이티브 리더의 조건은 L.E.A.D.E.R이다.

크리에이티브 리더는 경청자 Listener다. 잘 듣는 것이 중요하다. '팀장님, 하고 싶은 얘기가 있어요.'라는 팀원의 요구와 그것을 들어주는 과정은 리더를 리더되게 하는 첫 번째 중요한 과정이다. 상당히 많은 경우, 상담을 요청하는 사람은 자신의 심경을 토로하는 중에 해답을 발견한다. 리더가 경청하지 못하고 자신의 주장과 생각을 정답처럼 주입하고 싶은 욕망을 참을 때 진정한 경청자가 될 수 있다.

크리에이티브 리더는 교육자 Educator다. 언젠가 야구장에서 투수 코치와 투수가 훈련하는 모습을 본 적이 있다. '아니지, 아니지, 어깨를 앞으로 조금 더 밀어 봐.' '좋았어. 이번엔 팔꿈치를 조금 들고.' 공을 던지는 투수의 옆에 서서 투수의 투구 폼을 관찰하며 모니터해 주는 현장이었다. 리더는 그와 같이 관찰하고 모니터해 주어 더 나은 결과를 도출해 낼 수 있도록 도와주는 교육자여야 한다.

크리에이티브 리더는 감사자 Auditor다. 업무를 지시하고 확인하지 않는 리더는 나쁜 리더이다. 그런 습관적인 태도는 긴장 없고 무른 조직 문화를 만들어낸다. 상명하달식의 의사소통이 있긴 하지만 결국 아무 일도 안 일어나는 그런 조직이 될 것이다. 리더는 일의 내용과 방법을 막론하고 확인하고 확인하여야 한다. 리더로서 권한을 위임하는 것과의 차이를 분명히 인식해야 한다.

크리에이티브 리더는 운전기사Driver이다. 처음으로 리더가 되었을 때 느끼는 감정은 외로움이다. 운전기사는 운전대를 잡고 있기 때문에 모든 승객이 정신없이 흥겹게 놀더라도 앞을 주시해야 한다. 노래를 따라 부를 순 있지만 눈이 전방주시를 게을리해서는 안 된다. 앞에 일어날 상황을 예의 주시하고 때론 예측해야 한다. 운전기사가 스스로의 역할을 잊는 순간 그 버스의 앞길은 보장될 수 없는 것이다.

크리에이티브 리더는 영향을 끼치는 사람Effector이다. 조직도 인격과 감정이 있다. 기뻐하고 슬퍼하며 감동하기도 한다. 그리고 때로는 갈등을 느끼기도 한다. 갈등이 있다는 것은 조직이 살아있다는 증거이다. 오히려 갈등을 피하는 조직과 문화가 훨씬 더 위험하다. 리더는 이 갈등을 해결할 수 있어야 한다.

갈등이 생기는 이유는 추구하는 목표가 다르거나 판단하는 기준과 인식의 차이일 것이다. 나아가 왜곡된 정보로 인한 것일 수도 있다. 리더는 조직의 목표가 달라 생기는 갈등을 건강한 갈등으로 승화시킬 수 있어야 한다. 각각의 목표가 결국은 공동의 목표를 위해 필요한 것임을 알려 줘야 한다. 리더는 그 리더의 권한과 책임의 범주 내에서 기준을 제시하는 사람이다. 그리고 그 기준을 따르도록 유도한다. 리더는 영향을 받는 사람이 아니라 긍정적인 영향을 미치는 사람이다.

크리에이티브 리더는 독서가Reader이다. 영어 속담에 'Readers becomes Leaders'처럼. 공부하지 않고 잘할 수 있는 리더는 없다. 갈수록 독서율이 줄어든다고 하지만 리더들의 독서량은 기하급수적으로 는다고 한다. 열린 사고의 폭과 깊이가 없이 크리에이티브한 리더십을 발휘할 수는 없다.

\ Insight from daily twitting

'빨간불이면 선다. 성과는 부하 직원에게 주고 책임은 내가 진다. 안 되는 이유를 찾지 말고 될 수 있는 방법을 찾아라.' 모 대기업 행동강령입니다. 원칙과 약속, 리더십, 긍정마인드인데, 10명 조직이든 10만 명 조직이든 세 가지면 충분합니다.

대기업 근무를 하면서 들었던 의문이 하나 있었습니다. '어떻게 이렇게 많은 사람이 하나의 비전과 목표를 향해 이처럼 일사분란하게 움직일 수 있을까?'입니다. 그것을 가능케 하는 것은 세 가지였습니다.

첫째, 약속 지키기, 둘째, 리더십 존중, 셋째, 긍정의 힘이었습니다. 조직은 약속을 정하고, 교육하고, 지킵니다. 다양한 약속이 어김없이 지켜집니다. 조직에서 세운 리더십을 존중합니다. 물론 리더의 능력은 냉정하게 평가됩니다. 무능한 리더가 있을 수 있지만, 오래가지 않습니다. 그리고 상명하복을 뛰어넘는 긍정의 힘을 믿는 문화가 있습니다. 이 세 가지 원칙은 마이크로 조직으로부터 대기업 그룹사까지 변함없이 적용됩니다.

> ## 비전이 이끈다
>
> 사람들은 맹인으로 태어난 것보다 더 불행한 것이 뭐냐고 나에게 물어온다.
> 그럴 때면 나는 "시력은 있으나 비전이 없는 것"이라고 대답한다.
> - 헬렌 켈러(Helen Adams Keller, 미국 작가)

'비전 있는 사람이다.', '비전 있는 조직이다.' 이처럼 멋진 칭찬이 있을까? '내 남자 친구는 비전 있어.', '우리 회사는 정말 비전 있는 회사야.'라고 할 수 있다면 그보다 좋은 평가는 없으리라. 한편 비전이 없으면 백성이 방자히 행한다고 했다. 방자히 행한다는 것은 신중하지 못하고 경거망동한다는 뜻이다.

도대체 비전이 무엇이기에 사람과 조직을 평가하는 기준이 되기도 하고, 심지어 방자히 행하게도 할까? 사업을 하는 즐거움 중의 하나는, 비전 있는 사람을 만나고 그들을 통해 배우는 일이다. 비전 있는 사람들은 공통적인 특징을 가지고 있었다.

비전 있는 사람은 보이지 않는 것을 보고 확신한 사람이다. 비전은 당연히 보이지 않는 것이다. 현실에 있지도 않다. 그러나 비전을 이룬 대부분의 사람은 보이지 않는 것을 마음속에 그리고, 그것을 생생하게 볼 수 있을 정도로 그 비전에 집중되어 있었다.

비전 있는 사람은 참고 견디는 사람이다. 보이지 않는 것을 보고 확신했기 때문에 가능한 일이다. 한 대중가수는 "잠을 자면 꿈을 꾸지만, 잠을 자지 않으면 꿈을 이룰 수 있다고 생각했다."라고 회고했다. 그 대중가수는 결국 그의 꿈을 이루어 월드스타라는 평가를 받았다. 확신이 크면 클수록 참고 견디는 에너지는 충만할 것이다.

비전 있는 사람은 날마다 변화하며 새로운 시도를 하는 사람이다. 오늘은 어제까지 내가 한 시도의 결과이다. 비전은 내일의 일이다. 비전을 이루기 위해 오늘 해야 할 새로운 시도와 변화는 내일의 비전을 이루기 위한 필요충분조건이다.

비전 있는 사람은 배움을 멈추지 않는 사람이다. 호기심이 충만하여 배우기를 멈추지 않는 사람이 결국 비전을 이룬다. 세상에는 내가 아는 것보다 알지 못하는 것이 훨씬 많다는 것을 인정하는 것이 겸손이다. 겸손의 실천은 부단한 배움이다.

비전 있는 사람은 실천하는 사람이다. 큰 꿈보다 작은 실천이 낫다. 아무리 큰 뜻을 품고 비전을 가지고 있더라도, 그리고 비전을 이루기 위한 많은 계획을 가지고 있더라도, 실천하지 않으면 아무 것도 아니다. 비전을 이룬 사람은 쉬지 않고 꾸준히 실천하며 한 걸음씩 한걸음씩 비전에 다가간 사람들이다.

나는 지금까지 셀 수 없을 정도로 많은 사내 강의를 하였다. '비전 강의'이다. 물론 리더십, 커뮤니케이션, 영업 및 마케팅, 조직관리 등의 주제로 강의했지만, 결론은 '비전'이다. 비전을 주는 리더십, 비전 있는 사람들의 커뮤니케이션, 비전을 이루기 위한 영업 및 마케팅 전략, 비전 공유를 통한 조직관리 등이다.

'비전'이 액자 속에 머물지 않게 하려는 것이 목적이다. 그 중 '리멤버십 서비스'라는 비전은 버전을 달리하며 계속되었다. 처음에는 '비전 맵 Vision Map'이라 불렀다. 너무 장황하고 사이즈가 큰 사업 모델이어서 현실화시키기 어려운 것을 감안하였다. 그러나 지금은 '로드 맵 Road Map'이라 부른다. 비전의 버전이 바뀐 것이다. 상당히 많은 계획이 모듈화되어 테스트되거나 진행되고 있다. 물론 현재의 '로드 맵'은 다시 더 큰 '비전 맵'으로 디벨로핑될 것이다.

비전이 이끄는 비저너리 컴퍼니가 오스티엄이다.

부록 1

Insight from daily twitting

: www.twitter.com/moravianceo

매일 아침 업로드하는
일일 경영 묵상

전략

짧은 담요. 어깨가 따듯하면 발끝이 시리고, 발끝이 따듯하면 어깨가 시립니다. 욕심 버리고 몸을 웅크리고 불편하게 자던지, 아니면 짧은 담요를 긴 담요로 바꿔야 합니다. 바꾸는 힘이 '실력'입니다.

***

비즈니스는 끊임없는 설득입니다. 누군가는 열심히 설득하고 누군가는 설득을 당합니다. 거부할 수 없는 제안이 필요합니다. 마케팅도, 인생도 그렇습니다.

***

'주변과 그 이면의 복잡한 이해관계 및 역학구도를 이해하지 못하고, 현란한 외교적 수사를 아전인수로 해석한 결과다.' 러시아의 UN에서 태도 변화에 당황한 한국 정부에 대한 언론 평가. 앞쪽보다 뒤쪽이 중요할 때가 많습니다.

***

판세가 불리하다? 그럴 수 있습니다. 이것저것 다 안 된다면? 어렵지만 한 가지, 게임의 룰을 바꾸는 것입니다. 잘만 바꾸면 판세가 확 뒤집어집니다. 갑이 을 되고, 을이 갑 되고, 이익이 손해되고, 손해가 이익 됩니다.

***

비올 때 우산 찾으면 늦습니다. 햇살 쨍쨍할 때가 우산 준비할 타이밍입니다. 돈도 그렇고 사람도 그렇고 변화도 그렇습니다. 큰 일 준비하는 분들, 타이밍을 잘 보고 기다리세요.

STRATEGY

빵을 반으로 나누는 협상은 허기를 달래는 적당한 협상, 접시를 반으로 나누는 협상은 무식하고 무모한 협상, 씨앗을 한 움큼씩 나누는 협상은 당장은 힘들어 보여도 더 나아질 내일을 기대하게 하는 나이스한 협상입니다.

***

모든 사람을 만족시키겠다. 무모한 목표입니다. 마치 모든 것을 다 잘할 수 있다는 것이 말 안 되는 것과 같습니다. 잘할 수 있는 것을 찾고, 그것을 절실히 여기는 고객을 찾아내야 합니다.

***

납기가 없는 일은 일이 아닙니다. 일 잘하는 사람은 납기부터 챙깁니다. 하고 있는 일의 납기가 없다면 일하고 있는 게 아닙니다. 납기는 측정 가능한 숫자로 된 날짜, 목표, % 같은 것들입니다.

***

큰 물고기가 작은 물고기를 잡아먹는 것이 아니고, 빠른 물고기가 느린 물고기를 잡아먹습니다. 작은 게 '루저'가 아니라, 느린 게 '루저'입니다.

***

변화에 무지한 사람이 있고, 변화를 무시하는 사람이 있습니다. 변화에 무지한 사람은 대책 없이 무식한 사람이고, 변화를 무시하는 사람은 대책 없이 무모한 사람입니다. 변화를 거부하거나 피할 방법은 없습니다. 한편, 변화를 도약의 기회로 삼는 사람도 있습니다.

전 략

'The better is better than good.' '좋다'보다 '더 낫다'가 더 낫습니다. 경쟁에서의 better는 최고의 평가입니다.

***

아무리 좋은 결정도 50점을 넘을 수 없습니다. 100점짜리 결정은 시간이 지나도 좋은 결정입니다. 매일매일 하는 결정들이 시간이 지나도 좋은 결정이길 기대합니다.

***

선택은 선택하지 못하는 것들에 대한 포기입니다. 포기할 수 없다면, 선택할 수도 없습니다.

***

'방심. 마음을 놓다.' 일은 마음을 놓은 곳, 즉 미처 신경 쓰지 못했던 곳, 방치되었던 곳으로 튑니다. 경우에 따라 어처구니없는 결과를 내기도 합니다. 물샐 틈 없이 꼼꼼히 챙겨야 합니다.

***

'손 안 대고 코 푼다.' 최고죠. 잘만 하면 가능합니다. 단, 풀어진 코가 옷에 튈 것을 각오해야 합니다. 주변을 보면 손 안 대고 코 풀면서 옷에도 안 튀려다가 낭패 보더라고요.

***

마케팅할 때 먼저 빨리하는 것이 중요합니다. 전문용어로 '선방'을 날리는 것이 중요하다는 말이겠지요. 늦으면 '헛방'입니다.

STRATEGY

열을 약속했다가 아홉을 지키는 것보다, 셋을 약속했다가 넷을 지키는 것이 훨씬 좋습니다. 작게 약속하고 크게 실행하는 것이 중요합니다.

***

'가는 방향으로 민다?' 참 쉽죠. 스마트하게 일하는 사람들이 그렇게 합니다. 살짝살짝 각도를 조정하며. 한편 가는 방향 무시하고 반대로 밀면? 힘만 잔뜩 들겠죠. 판세를 읽는 능력 부재인 것입니다.

***

같은 방식으로 하면서 다른 결과를 기대하지 마세요. 다른 생각 다른 행동이 다른 결과를 가능케 합니다.

인재상

'모르는 게 약'이 아니고, '모르는 척하는 게 약'입니다. '아는 게 힘'이 아니고, '아는데 모르는 척하는 게 힘'입니다. 겸손이 힘입니다.

***

추신수 선수가 삼진을 당하고 멋쩍어 한 말. '120km짜리 직구는 중학교 이후 처음 봤다' 그리고 많이 벗어난 볼을 쳐서 홈런을 만들고 한 말. '무조건 넘길 작정이었다.' 차이가 있다면 '방심'과 '작심'입니다.

***

'피할 수 없으면 즐겨라'는 맞지만, '즐길 수 없으면 피하라'는 틀립니다. 어떤 이유든 피하고 도망 다니는 사람들이 이룰 수 있는 일은 아주 작습니다.

***

잘 쉬는 것과 잘 노는 것은 다릅니다. 잘 쉬면 피로가 풀릴 것이고, 잘 놀면 피로가 쌓이겠죠.

***

하고 싶은 사람은 방법을 찾고, 할 수 없는 사람은 이유를 찾습니다. 방법을 알고 찾는 사람을 '선수'라 부릅니다.

***

인민루니 정대세 어록입니다 '승리를 스스로 믿지 않으면 이길 수 없다.' 여기서 중요한 것은 '승리'가 아니라 '스스로 믿는다.'입니다.

***

스스로 동기부여할 줄 아는 사람들과 함께 일할 때 행복합니다. 늘 동

MAN POWER

기부여를 위해 누군가 필요한 사람과 일할 때 얼마나 피곤할까요? 좋은 팔로워가 좋은 리더가 됩니다.

***

누가 하면 되고 누가 하면 안 되기도 하는 게 일입니다. 되는 사람이 가진 것은 열정과 확신 그리고 용기입니다. 안 되는 사람이 가진 것은 걱정과 근심 그리고 불안입니다.

***

일뿐만 아니라 사람과의 관계에서도 정말로 후회가 남지 않을 만큼 했다면 그 자체로도 의미가 있습니다. 단지 사람마다 그 정도의 차이가 있어 결과가 다른 것일 겁니다

***

'칭기즈칸에게 열정이 없다면, 그는 평범한 양치기에 불과하다.' 한 광고 카피입니다. 열정은 평범과 비범을 갈라놓습니다. 열정 없이 이룰 수 있는 큰일은 없습니다. 기적도 열정부터 시작합니다.

***

누군가 정해 준 출근 시간을 지키며, 연봉이 높아지길 바란다면? 욕심이 과한 거죠. 가장 좋은 출근 시간은 7:30입니다. 신입이건 부장이건 사장이건. 일찍 나와서까지 해야 할 일이 없다면? 더 큰 난센스.

***

한 조직에 오래 있다 보면 어느새 앞 차가 됩니다. 그 앞 차는, 변화에 예민하지 못하고 능력의 성장이 멈춰 버린 '똥차'와, 변화를 주도하며

인재상

멈추지 않고 성장하는 '견인차'로 나뉩니다. 누구나 견인차가 되길 원하나 쉽지 않습니다.

***

'너무 빨리 뛰면 영혼을 놓친다.' 인디언 속담이랍니다. 너무 빨리 뛰고 싶은 마음을 잡아 주네요. 빨리 뛰는 것보다 뛰는 방향이 중요합니다.

***

다른 실수를 반복한다? 희망 있습니다. 같은 실수를 반복한다? 절망입니다. 더 나은 결과를 얻기 위해서는 날마다 새로운 시도를 해야 하고, 당연히 날마다 색다른 실수가 있을 수 있습니다.

***

자기 관리의 시작은 회복입니다. 특히 감정의 회복입니다. 감정의 기복은 마음을 다치게 할 뿐만 아니라, 몸까지 피곤하게 만듭니다. 신속히 회복하는 훈련을 해야 합니다

***

야성을 유지해야 합니다. 밀림에서 죽을 수 있습니다. 야성을 잃어 가는 현상은, 목소리 톤이 낮아지고, 말이 느려지며, 눈의 총기가 사라지고, 호기심이 줄어드는 것입니다. 야성을 유지하기 위하여 몸을 너무 편한 환경에 두지 말아야 합니다.

***

'고장 나기 전엔 고치지 않는다.' 아닙니다. 건물도 자동차도 몸도 마음도 고장 나서 고치려면 돈과 시간이 더 많이 들어갑니다. 그런데 갑자

기 고장 나는 경우 드뭅니다. 반드시 신호가 있습니다.

***

자기 말만 하고 전화를 먼저 끊는 사람이 공산당보다 싫다고 하시는 분이 있습니다. 제가 아는 한 어른은 까마득한 저와 통화해도 제가 끊길 기다리시는 것이 느껴집니다. 그리운 어른이십니다.

***

오십보백보? 더블 스코어 즉 100% 차이입니다. 이런 표현 많이 쓰는 분들 보면, 일처리도 구렁이 담 넘어가듯 대충입니다.

***

피드백feedback이란 뒷사람back에게 먹을 것을 주는feed 것입니다. 놓친 문자 답장이나 전화 회신, 약속이 늦어질 때 약속시간 전에 양해 구하기 등. 쉬운 듯싶지만, 잘하기는 어렵습니다. 피드백은 뒷사람을 배부르고 행복하게 합니다.

긍정적 사고

죽은 물고기는 물살에 몸을 맡기지만, 살아 있는 물고기는 거센 물살을 거슬러 올라갑니다. 올라가다 보면, 낚시꾼도 있고, 굶주린 곰은 길목을 지키고 있습니다. 그럼에도 불구하고, 힘차게 물살을 헤치며, 파이팅!

***

샛길도 길입니다. 사람 많이 다니는 큰 길에서 얻을 수 없는 즐거움과 생각지 못한 기회를 얻을 수 있습니다.

***

허락을 구하기보다 용서를 구하라는 말이 있습니다. 주저하지 말고 지르라는 뜻이겠죠. 그렇게 해 볼만 합니다. 단, 성공 확률 5:5를 명심해야 합니다.

***

두 번이나 유산했다. 두 번이나 임신했다. 인생은 해석입니다. 인생은 언어에 묶입니다.

***

'잔잔한 파도는 노련한 항해사를 만들지 못한다.' 그렇다고 큰 파도를 찾아다닐 필요는 없습니다. 큰 파도가 오면 감사한 마음으로 무장하고 부딪치면 그만입니다.

***

문제가 문제가 아니라, 문제 해결 능력 없음이 문제입니다. 문제는 늘, 누구에게나, 계속 있을 것입니다. 살아 있는 한. 문제를 problem이 아니

POSITIVE THINKING

라 challenge로 받아들이면 힘이 납니다.

***

앞문 뒷문 옆문 다 막히면 하늘 문이 열립니다. 출구가 필요한 분, 하늘을 바라보세요.

***

'하고 싶다', '해야 한다', '할 수 있다' 1,000번보다 '했다' 1번이 낫습니다.

***

시작이 반이다? 천 번 안 하나 한 번 안 하나 0점, 천 번 안 한 것과 한 번 한 것은 0점과 100점, 한 번 한 것과 천 번 한 것은 100점과 만점입니다. 시작이 전부입니다. 시작했는데 안 된다? 천 번 시작하면 다 됩니다.

***

정말로 위기에 빠지면, 정작 위기는 기회란 생각을 잊어버립니다. 오히려 위축되어 소심해지고 판단력이 흐려집니다. 그러나 감당 못할 위기란 없습니다. 특히 위험한 기회High Risk일수록 큰 수확High Return일 수 있습니다.

***

승진은 기쁜 일입니다. 단, 준비된 분들에게 해당하는 이야기겠죠. 준비된 분들에게 승진은 약이 되지만, 그렇지 않은 분들에게 승진은 독이 됩니다.

긍정적 사고

능력에 맞는 일을 달라고 기도하는 사람, 일에 맞는 능력을 달라고 기도하는 사람. 어떤 사람의 기도가 유익할까요? 앞사람은 마이너스 인생, 뒷사람은 플러스 인생이 예상됩니다. 인생은 마음먹기 나름입니다.

***

좋은 집으로 이사 갔다? 원하던 자동차를 갖게 되었다? 무척 기쁘고 행복하겠죠. 그러나 오래가지 않아 무덤덤해집니다. 한편 작은 일에 감사한다? 평생 기쁘고 행복하게 살 수 있겠죠.

***

어떤 일을 할 때, 불안하면 떨리고 자신 있으면 설렙니다. 설렘은 준비된 사람이 느끼는 감정입니다.

***

생각하는 대로 살지 않으면, 사는 대로 생각하게 됩니다.

***

안 되는 이유를 찾는 데는 시간과 에너지가 들지 않지만, 되는 방법 찾는 데는 엄청난 에너지와 열정이 필요합니다.

***

'죽어도 여한이 없다'는 사람, 안 죽습니다. '떨어져도 여한이 없다'는 사람, 떨어질 리 없습니다. '여한이 없다'는 생각은, 충분히 최선을 다했을 때 드는 생각입니다.

POSITIVE THINKING

인디안 기우제란? 비 올 때까지 기우제 드리는 것이랍니다. 될 때까지 하면 언젠가 되겠지만, 그 결과를 하늘에 감사하는 겸손한 센스도 필요하겠죠.

***

위기는 위대한 기회, 위기는 반전의 기회.

***

열정Passion의 어원이 고통Pssio이라 합니다. '열정이 꿈을 이룬다.'는 '고통이 꿈을 이룬다.'가 됩니다. '매사에 열정을 유지하라.'는 '매사에 고통을 유지하라.'가 됩니다. 지금 고통스럽다면, 그것은 열정이 있기 때문일 것입니다.

꿈과 비전

행복해서 꿈을 갖을까요? 꿈이 있기에 행복할까요? 당연 후자죠. 그럼 꿈만 있으면 행복할까요? 아니죠. 오히려 그것을 이루기 위한 고통의 시간을 견뎌야 하고, 그 과정에 문득 느끼는 것이 행복입니다.

***

저절로 되는 일은 없습니다. 대가를 치러야 합니다. 그 대가를 아쉬워하거나 아까워할 필요 없습니다. 왜? 치르는 대가보다 얻는 것이 훨씬 크기 때문입니다.

***

꿈과 열정의 크기만으로 평가받는 시기를 지나면 실력의 크기가 중요한 시기가 옵니다. 그다음? 계속 성장할 수 있는가, 즉 잠재력의 크기로 평가받게 됩니다. 멈추면? 새 됩니다.

***

30년 동안 내가 습관을 만들고, 그 다음 30년 동안 습관이 나를 만든답니다. 30년 안 되신 분들 파이팅! 30년 넘으신 분들 더욱더 파이팅!

***

산소 탱크 박지성이 은퇴를 선언하며 '국가대표를 하는 10년 동안 너무 행복했다.'고 하더군요. 보는 사람도 행복했습니다. 하고 싶은 일을 하며 자신도 행복하고 남들까지 행복하게 하는 국가대표! 저도 기왕 하는 거, 국가대표를 목표로 해야겠습니다.

***

땀을 뻘뻘 흘리며 나무를 베지만, 잘 안 된다면? 도끼를 확인하고

DREAM AND VISION

날을 갈아야 합니다. 많이 무뎌 있다면 시간이 좀 걸리겠죠. 매일매일 갈았어야죠. 몸도끼는 운동, 머리도끼는 독서, 실력도끼는 공부입니다.

***

정말 잘나서 교만한 사람, 정말 못났는데 교만한 사람, 정말 못나서 겸손한 사람, 정말 잘났는데 겸손한 사람. 교만한 사람은 결국 자기 꾀에 넘어지고, 겸손한 사람은 결국 남의 덕에 일어섭니다.

***

감사란 가지고 있는 것을 세어 보는 것이고, 원망이란 가지지 못한 것을 세어 보는 것입니다. 잘 세어 보면 생각보다 가지고 있는 것이 참 많습니다.

***

젊어서는 돈 때문에 건강을 포기하고, 늙어서는 건강 때문에 돈을 포기한다? 이렇게 안 되려면 운동 열심히 해야 합니다. 운동 열심히 하면 돈 버는 데도 도움 되고, 향후 건강 때문에 돈 쓸 일 없습니다.

***

'공부해서 남 주나?' 네. 공부해서 남 줘야 합니다. 가치 있는 걸 남 주면, 돈도 받습니다.

***

동 트기 직전이 가장 어둡다? 그렇지 않습니다. 그렇게 느껴질 뿐입니다. 사람은 보이는 것을 보고 느껴지는 대로 생각합니다. 그런 분들 한

DREAM AND VISION

계가 있습니다. 보이지 않는 것을 보고 느껴지지 않는 것을 생각할 줄 알아야 합니다.

***

겸손한 사람이 복 받았을 때 느끼는 행복의 크기가 교만한 사람이 복 받았을 때 느끼는 행복의 크기보다 훨씬 큽니다. 겸손한 사람은 큰 도움 받아 일이 더 잘 풀리고 교만한 사람은 작은 도움조차 어렵게 얻습니다.

***

'큰 물고기는 놓아주고, 작은 물고기만 잡는 사람이 있습니다. 왜? 고기 굽는 프라이팬이 작아서.' 쉽지 않더라도 작은 프라이팬 깨뜨리고, 큰 프라이팬으로 바꿔야 합니다.

***

맛없는 사과부터 먹는 사람은 맛없는 사과만 먹게 되고, 맛있는 사과부터 먹는 사람은 맛있는 사과만 먹게 됩니다. 불만족한 과거에 머물면 늘 불행하게 살 것이고, 희망의 미래를 바라보면 늘 행복하게 살 것입니다.

***

'나는 과연 어떤 사람일까?' 더 큰 나의 가능성을 확인하는 방법? 있습니다. 여태까지 한번도 해본 적 없는 일들을 해보는 것입니다. 왜냐하면 오늘의 나는 어제까지 내가 했던 일들의 결과니까요.

리더십

'과하지욕(袴下之辱) 큰 뜻을 품은 사람은 사소한 일로 옥신각신 않는다.' 큰일이든 작은 일이든, 화내고 얻는 것보다는 잃는 것이 훨씬 많습니다. 어릴 때는 큰일에 분개하다가, 나이 들면 사소한 일에 화를 냅니다. 참으면 복이 옵니다.

***

리더는, 기회를 자기 것으로 만든 사람입니다. 기회 때, 당황하거나 조건을 걸거나 의심했다면 그럴 수 없었겠죠. 좋은 리더는 좋은 기회를 많이 만들어서 줍니다. 좋은 리더 옆에 있으면 자주 당황스럽지만 결국 행복해집니다.

***

비행기 내 통로 카펫의 얼룩은, 그 비행기의 엔진을 의심케 한답니다. 고장 난 전등 하나, 1분 지각, 까먹은 작은 약속. 작고 사소한 것에 신경 쓰지 않는다면, 더 나은 내일은 없습니다. 아무리 머리가 좋아도 깨알같이 메모하고 챙겨야 합니다.

***

'일을 제대로 하는 것'과 '제대로 된 일을 하는 것'이 있습니다. 일을 제대로 하는 것은 담당의 몫이고, 제대로 된 일은 시키는 리더의 몫입니다. 담당이 제대로 된 일을 구별할 줄 안다면, 눈여겨 볼 재목입니다.

***

사람에게 투자하는 것 중요합니다. 그런데 주식이건 사람이건, 투자 시 유의사항은 똑같습니다. 1. 투자에 대한 책임은 투자자임. 2. 기대를

리더십

저버릴 수 있음. 호랑이 모양의 고양이인지, 그 반대인지, 잘 보고 투자해야 합니다.

***

일하는 사람에게도 '성장판'이 있습니다. 어떤 사람은 성장판이 닫혀 성장이 멈춰 있고, 어떤 사람은 성장판이 열려 있어 어제가 다르게 성장합니다. 리더의 역할은 성장판이 열렸나 닫혔나를 판단하고 그에 맞추어 전략을 짜는 것입니다.

***

처음엔 해야 할 말을 하지 않아 후회할 때가 많지만, 나중에는 하지 말아야 할 말을 해서 후회하는 때가 많게 됩니다. 갈수록 내공이 필요합니다.

***

교도소 담장 걷기. 아슬아슬합니다. 한 쪽으로 떨어지면 감옥이고, 다른 한 쪽으로 떨어지면 자유입니다. 인생도, 신앙도, 비즈니스도 그렇습니다. 절묘한 균형 감각이 필요합니다.

***

리더는 과거를 관리하는 사람이 아니고, 미래를 책임지는 사람입니다.

***

조직도 웃고 울고 흥분하고 화내고 피곤해합니다. 조직을 웃기고 울리고 흥분시키고 화나게 하고 피곤하게 만드는 사람을 '리더'라 부릅니다.

LEADERSHIP

처음에는 용서를 구하는 것보다 용서를 하는 것이 쉬운데, 시간이 지나면 용서를 구하는 것보다 용서를 하는 것이 더 힘듭니다. 그래도 용서는 하는 사람의 몫입니다.

***

소귀에 경을 읽으면? 듣기만 합니다. 알아듣고 이해하기를 기대한다면? 낭패입니다. 소의 언어로 경을 읽으면? 알아듣겠죠.

***

부진즉퇴, 즉 기업이든 개인이든 지금 처한 상황을 한계로 인식하면 퇴보할 수밖에 없다. 다시 한 번 심호흡을 가다듬습니다.

***

누구나 할 수 있는 평범한 결정은 평범한 결과를 냅니다. 뭔가를 결정해야 하는 리더라면, 비범한 결정을 해보세요.

***

'말로 할 수 있는데 글로 쓰지 말고, 행동할 수 있는데 말로 하지마라.' 뉴욕 공공개혁 당시 구호입니다. 개혁은 말하고 행동함으로써 가능합니다.

***

들은 사람이 잘못 이해했다면 누구 문제일까요? 말한 사람입니다. 말하는 사람은 듣는 사람을 파악하며, 다른 톤과 방법으로 말할 필요가 있습니다. 때로는 속삭이듯, 때로는 웅변하듯.

LEADERSHIP

같은 말 자꾸 반복할 필요 없습니다. 그렇게 해서 얻을 수 있는 건 짜증밖에 없습니다. 목적이 있어 반복할 때는 톤과 무드를 바꿔 가며 할 필요가 있고요.

***

[군자불기君子不器] 군자는 한 가지만을 담을 수 있는 편협한 그릇이 되어서는 안 된다. 리더도 그렇습니다. 빨주노초파남보 무지개가 되어야 합니다.

***

'참을 인 세 번이면 사람 목숨 구한다.' 그 사람은 다름 아닌 '나'입니다. 화내면 집니다. 참는 사람이 이깁니다.

쉬어가기

'사공이 많으면 배가 산으로 간다'의 뜻은 무엇일까요? 어느 초딩의 답. '마음을 모아 힘을 다하면 못 이룰 일이 없다'입니다.

***

'나는 오늘 지각을 했다. 그래서 선생님께 혼났다. 내일은 혼나지 않도록, 결석해야지' 당찬 초딩의 일기입니다.

***

백발백중 시키는 방법? 첫째는 화살을 쏜 후 과녁을 그리는 것입니다. 둘째는 피나는 훈련입니다. 첫째는 머리로. 둘째는 몸으로. 아무래도 머리로 하는 게 낫겠죠?

***

일요일은 하나님께서 만들고 월요일은 사장이 만든 것이라는 분들 계십니다. 어글리 블루 먼데이라고. 그런데 사장들 중에도 그런 분들 계신 걸 보면 그런 건 아닌 듯합니다.

***

'기도하면서 담배 피면 안 되나요?' '당연히 안 되죠. 혼나고 싶어요?', '담배 피다가 기도하면 안 되나요?' '되요. 훌륭하세요.' 싫고 좋음과 나쁘고 틀림을 너무 쉽게 결론내지 않는 것이 좋습니다.

***

남자들 사이에 '형님'이란 호칭은 부르기도 듣기도 기분 좋습니다. 요즘 부쩍 트윗상에서 '형님'이라 호칭하는 분들이 있어 상큼합니다. 그 중 한 분은 고등학생입니다. 말려야 될지 놔둬야 될지….

HUMOR

어떤 분이 이탈리아어로 '치아바타'가 '슬리퍼'라고 피드백 주셨습니다. 아침에 먹은 슬리퍼가 생각납니다.

***

'입은 비뚤어도 말은 바로 해라.' 입이 비뚤어져 있는데 어떻게 바른 말 나올 수 있을까요? 조직은 입이 비뚤어진 사람을 안 뽑는 능력을 갖추어야 합니다. 입만 비뚤어진 게 아닐 수도 있습니다.

***

'아' 다르고 '어' 다르다? 조직을 보면 '아'를 '어'라 하고 '어'를 아라 표현하는 사람이 있습니다. 이해와 신뢰로 들으면 '어'가 '아로 '아'가 '어'로 들립니다.

***

책 보는 시간이 거울 보는 시간보다 길어야 합니다. 직업 때문에 거울을 많이 보는 분들조차도 책을 많이 보는 것 같습니다.

***

학교 다닐 때 공부 안 하면? 학점을 짜게 받습니다. 회사 다닐 때 공부 안 하면? 월급을 짜게 받습니다.

***

어떤 분이 여자분께 들었답니다. "여자에게 꽃만 선물하는 것은 실례다. 꽃과 가방, 꽃과 신발, 꽃과 반지, 이렇게 하는 거다." 그분 그러더군요 "그래서 꽃 선물도 안 하려 한다." 노랫말도 바뀌겠네요. "수요일엔 빨간 장미와 ○○을"

부록

2

크리에이티브 서비스
비즈니스 모델

사업계획서 요약 파워포인트 자료

사업 계획서 요약

**LTV 확장에 기반한
"라이프 이벤트(Life Event) 스마트 비즈니스"**

젊고 정직하고 빠른 기업
OSTIUM Co.ltd

Ver.6

We create the Life value

목 차

I. 웨딩시장의 현황 및 분석
   1. 웨딩시장의 특징
   2. 웨딩시장 현황
   3. 웨딩시장의 제품구조
   4. 웨딩시장의 주요 업체 및 특징- 경쟁 분석

II. 사업 현황
   1. 라이프 이벤트에 따른 사업 전개 현황
   2. 라이프스타일에 따른 사업 전개 현황

III. 사업 실행 전략
   1. 스마트 비즈니스의 개념
   2. 사업의 정의
   3. 패러다임 시프트
   4. 사업실행전략 로드맵
   5. 핵심전략 아젠다

IV. 재무 현황

V. 회사소개

We create the Life Value

BUSINESS PLAN

1-1. 웨딩 시장의 특징

왜! 웨딩시장인가?

시장이 늘 새롭게 형성된다	통과의례로 결혼은 꼭 필요로 하기 때문에 시장이 새롭게 창출된다 (연간 30-35만 쌍)
현금흐름이 안정적이다	목적성을 가지고 미리 예산을 준비하고 있기 때문에 계약과 실행에 따른 현금 흐름이 지속적으로 창출되는 사업이다.
재고부담이 적다	서비스 계약 후 발주/입고로 상품재고에 대한 부담이 최소화되는 사업이다
기존의 막강한 경쟁자가 없다	시장 매력도가 높아 쉽게 시작하고 쉽게 접는 사업으로 절대 강자가 없는 현실이다
지방 및 해외 시장 진출 기회 확대된다	지방의 경우 전문적인 웨딩서비스 업체가 부재 중국, 미주, 동남아 등으로의 진출 시 경쟁력 확보 가능

We create the Life value

1-2. 웨딩 시장 현황

전체 결혼 건수	2009년 300,968건
	2010년 341,788건 (출처:통계청 인구조사)
전체 시장 규모	40조 9천억 원 (2010년, 주택자금 포함)
	20조 5천억 원 (이코노믹리뷰 07년 3월호)
	* 유관 분야 설정에 따라 달라질 수 있음
신혼부부 한 쌍당 결혼 비용	1억2천944만원
결혼 비용 배분	신랑측 9천609만원 (74.2%)
	신부측 3천335만원 (25.8%)
결혼 비용 주요구성 항목	주택마련비 8천571만원 (66.2%)
	예식장비 1천25만원 (8.9%),
	예단 840만원 (6.5%),
	예물 718만원 (5.5%),
	가전제품 596만원 (4.6%)
결혼 비용 지출 분포	5천만 원 미만: 16%
	5천만-1억5천만 원: 56.8%
	1억5천만 원 - 3억 원: 22.9%
	3억 원 이상: 4.3%

We create the Life value

1-3. 웨딩 시장의 제품구조

웨딩서비스는 크게 결혼과 직접 연관이 있는 웨딩서비스와 결혼식 진행에 필요한 부가서비스, 살림살이를 마련하기 위한 혼수시장으로 형성됨

구분	아이템	내용(특성)
웨딩 서비스	드레스 스튜디오 헤어/메이크업	* 웨딩을 준비하는데 있어 필수적인 아이템으로 소비자의 지식이 부족하여 전문가 의존도가 높음 * 표준화 및 정형화가 약해 주관적인 성향이 강함

혼수
서비스
	한복
	예물
	침구
	가구
	가전
	주방
	기타
		* 결혼 준비를 시작하면서 현실적으로 필요한 아이템과
		  관례적으로 준비하는 아이템이 혼재
		* 유,무형의 서비스 형태를 취함
		* 웨딩 시장의 매출 규모에 지대한 영향을 줄 수 있음
		* 소비의 양극화 현상으로 인하여 건수는 줄지만
		  객단가는 높아지는 현상을 보임
		* 시간소요가 많으며 아이템 별 차등화

연회 서비스		* 예식장, 호텔, 강당, 야외 등 예식 연회 서비스로 가장 많은 예산이 소요되 는 서비스임
부가 서비스		* 신혼 여행, 출장 뷔페, 예식장 섭외, 청첩장, 마사지, 부케, 꽃길, 폐백 등 다양한 서비스가 있으며 각 개별 분야가 사업화 되어 있음

2-1. 사업 현황 Business Overview

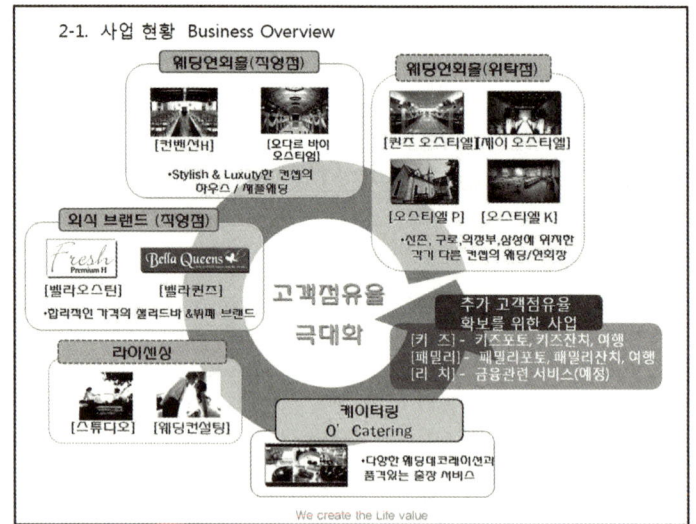

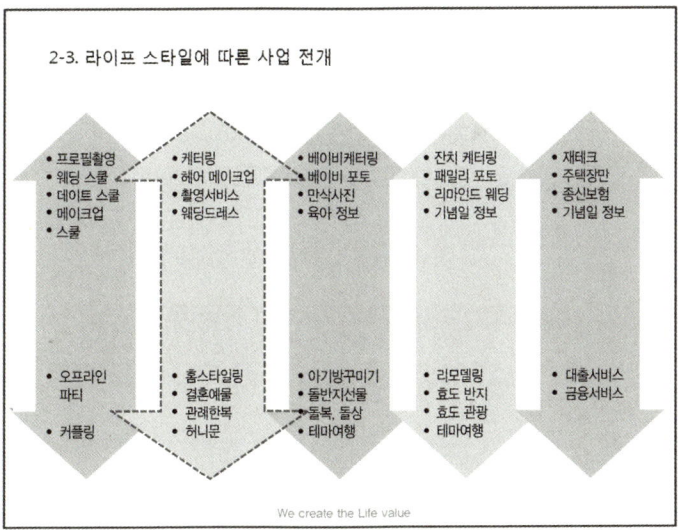

부록 2. 237

2-4. 사업 전개 현황

멤버쉽 브랜드	Kids Life	Couple Life	Wedding Life	Family Life	향후 확장영역
Shema	키즈관련복		결혼한복	관례복	Rich Life -재테크 -금융 -보험 -대출
A-room	키즈룸데코		인테리어	인테리어	
Studio	키즈포포	프로필포토	웨딩포토	리마인드/패밀리포토	
Rozzerina	기념반지	커플링	결혼예물	예물	
Tour	가족여행	이벤트	신혼여행	여행	LTV 강화를 위한 CRM 시스템
Renaconiah	화동	이벤트	드레스	이벤트	
Catering	돌잔치	이벤트	결혼식	환갑/회갑	
H/Make up	파티	파티	결혼식 집들이	기념일	
확장영역	각 life 에 따른 부가 상품/ 쇼핑몰/ 1주년 기념샵 등				

라이프 이벤트에 따른 전개
라이프 스타일에 따른 전개
부가 서비스 확장

OSTIUM BIZ 확장
We create the Life value

3-1. 스마트 비즈니스 개념

맞춤형 CRM = CVM

1. 스마트 프랜차이즈 비즈니스의 개념

현재 지식기반 사회의 비즈니스가 점점 더 지능화 되어가고 있다. 스마트(Smart) 프랜차이즈 비즈니스란 인공지능 형의 똑똑한 비즈니스로서 단순히 상품과 고객을 중개하는 차원을 넘어 개개인의 니즈와 욕구를 충족시키는 고객 맞춤형 서비스를 프랜차이즈화하는 사업을 말한다.

2. 오스티엄 사업의 정의 : LTV기반의 Life Event지능형 서비스
＊ LEMS : Life Event Membership Service

웨딩 및 매칭 사업은 그 사업의 특성상 고객의 신체 치수부터 재정적 환경, 정서적 상태까지 긴밀한 정보를 다루게 된다. 이러한 자사의 사업특성을 강화하여 평생 동안 고객에게 발생하는 Life event(각종 경조사 및 이벤트)를 적절한 시점에 맞추어 개인화된 방법으로 서비스 할 수 있는 모델을 개발, 발전 시켜나가고 있다.
아울러 자사의 시장인 Life time event는 자의적인 면과 관습적인 면의 양면성이 존재하며 계속적인 시장 창출이 되므로 시장성 및 사업성이 유망한 분야이다.

We create the Life value

3-2. 패러다임 시프트 : 강소기업이 대기업과 경쟁하는 전략적 패러다임의 전환

시장점유율(Market share) 측면으로 본 오스티엄 사업현황

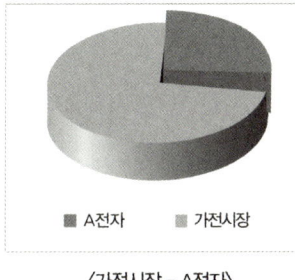

〈가전시장 – A전자〉

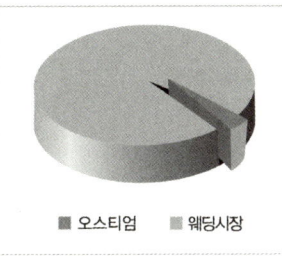

〈웨딩시장 – 오스티엄〉

We create the Life value

3-2. 패러다임 시프트 : 강소기업이 대기업과 경쟁하는 전략적 패러다임의 전환

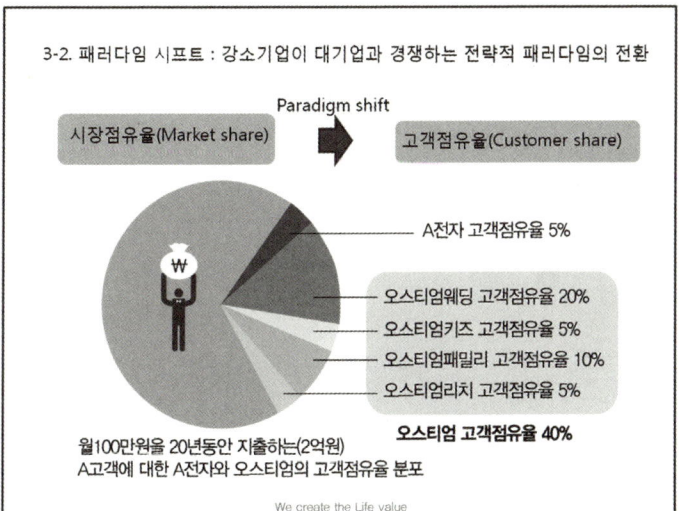

BUSINESS PLAN

3-3. 패러다임 시프트: 전략적 패러다임의 전환

성공적인 사업 및 수익모델로 수확체증의 법칙을 완성하기 위해서는 "시장지향적 관점(Market oriented Paradigm)"에서 "고객지향적 관점(Customer oriented Paradigm)"으로의 전환이 핵심이다.

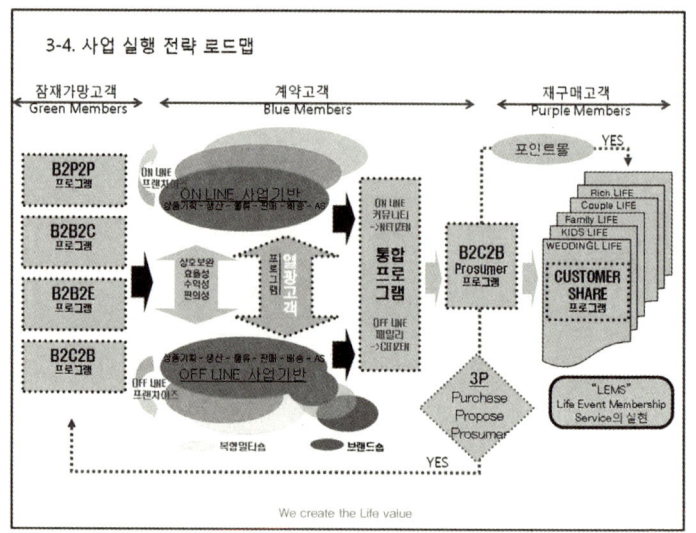

We create the Life value

3-4. 사업 실행 전략 로드맵

We create the Life value